BURNOUT

Luciano Sandrin

BURNOUT

COMO EVITAR A SÍNDROME DE ESGOTAMENTO
NO TRABALHO E NAS RELAÇÕES ASSISTENCIAIS

Paulinas

Dados Internacionais de Catalogação na Publicação (CIP)
(Câmara Brasileira do Livro, SP, Brasil)

Sandrin, Luciano
  Burnout: como evitar a síndrome de esgotamento no trabalho e nas relações assistenciais / Luciano Sandrin ; [tradução Antonio Efro Feltrin]. -- 3. ed. -- São Paulo : Paulinas, 2019. -- (Coleção psicologia aplicada)

  Título original: Aiutare senza bruciarsi : Come superare il burnout nelle professioni di aiuto
  Bibliografia.
  ISBN 978-85-356-4542-2

  1. Burnout (Psicologia) 2. Estresse do trabalho 3. Trabalho - Aspectos psicológicos I. Título. II. Série.

19-27523   CDD-158.723

Índice para catálogo sistemático:
1. Burnout do trabalho : Psicologia aplicada   158.723

Cibele Maria Dias - Bibliotecária - CRB-8/9427

Título original da obra: Aiutare senza bruciarsi: come superare il *burnout* nelle professioni di aiuto
© Paoline Editoriale Libri — Figlie di San Paolo, 2004 — Via Francesco Albani, 21

3ª edição – 2019
2ª reimpressão – 2025

Direção-geral:	Flávia Reginatto
Editora responsável:	Andréia Schweitzer
Tradução:	Antonio Efro Feltrin
Copidesque:	Maria Eliza de Oliveira
Coordenação de revisão:	Marina Mendonça
Revisão:	Sandra Sinzato
Gerente de produção:	Felício Calegaro Neto
Diagramação:	Jéssica Diniz Souza

Nenhuma parte desta obra poderá ser reproduzida ou transmitida por qualquer forma e/ou quaisquer meios (eletrônico ou mecânico, incluindo fotocópia e gravação) ou arquivada em qualquer sistema ou banco de dados sem permissão escrita da Editora. Direitos reservados.

Cadastre-se e receba nossas informações
paulinas.com.br
Telemarketing e SAC: 0800-7010081

Paulinas
Rua Dona Inácia Uchoa, 62
04110-020 – São Paulo – SP (Brasil)
📞 (11) 2125-3500
✉ editora@paulinas.com.br
© Pia Sociedade Filhas de São Paulo – São Paulo, 2019

SUMÁRIO

Introdução 7

Por que ajudamos os outros? 11

A empatia e seus riscos 23

Um estresse chamado burnout 37

As variáveis em jogo 49

Uma frequência incômoda 67

O estresse da assistência 81

Ajudar sem se esgotar 95

Fatores de proteção 111

Bibliografia 129

INTRODUÇÃO

Eu a conheci numa festa de amigos, perto de Roma. Não largava mais de mim desde que descobriu que eu era psicólogo. Inútil dizer-lhe que eu era somente um curioso de psicologia e que não a exercia.

"Não aguento mais", me disse de repente. Suas palavras me surpreenderam, mas fingi que não havia percebido e fui procurar alguma coisa para comer na mesa do bufê – e não era somente porque estava com fome. Mas ela não se deu por vencida. Era uma moça simpática e eu não queria ser descortês. "No entanto, eu gostava do trabalho, eu o havia escolhido", continuou ela. As suas palavras me contagiavam e estavam carregadas de muita ansiedade. "Mas, agora, algo não está mais como antes, tudo me cansa e acho difícil suportar as pessoas que sempre estão pedindo alguma coisa. Às vezes me torno até ríspida e isto me perturba. Eu não era assim!"

Que estava estressada era evidente, "em *burnout*", diriam os especialistas. Mas evitei dizer que eu estava inteirado do problema. Esperava que ela me deixasse comer em paz aquela massa fria que era uma delícia só de olhar. "Muito bem", disse eu, com a clara intenção de interromper a conversa, "foi um prazer". E me afastei.

Mas, depois de alguns minutos, os nossos caminhos se cruzaram novamente. "Sei que o estou incomodando" disse-me, "mas preciso dizer essas coisas a alguém". Que fosse eu justamente o escolhido não me deixava particularmente animado. Mas já estava claro que aquela noite tinha tomado seu rumo. E a ideia de me esquivar estava criando em mim certo sentimento de culpa. Não havia estudado psicologia para ajudar os outros?

"Sou uma pessoa que faz as coisas com seriedade e havia me entregado com entusiasmo ao trabalho porque acreditava nele: estava apaixonada. Ajudar as pessoas foi sempre o meu sonho desde menina." Olhou-me um pouco e parou, como se de repente uma lembrança estivesse atravessando seus pensamentos. "Sim! Desde menina servi de apoio para alguém. As traições de meu pai e seus acessos de cólera contra os prantos de minha mãe. E eu lá, consolando-a enquanto ele ia embora."

Um véu de tristeza tirou o brilho de seus olhos e tive pena. "As nossas experiências nos marcam por dentro, e a nossa vida é como uma tentativa de reparar o impossível, de recriar uma ordem perdida", disse eu, para dar-lhe um respiro. Mas percebi que estava dando uma de psicólogo, depressa demais. Não sei se era isso que ela queria.

"Desde menina queria ser enfermeira para ajudar as pessoas, curar feridas e dar-lhes novamente alegria de viver. E isso se tornou o ideal da minha vida." Coloquei alguma coisa no prato e me propus a dar uma volta pelo jardim. Pareceu-me aliviada. Tinha entendido que eu a estava escutando. "Passei nas provas com nota máxima. Uma vez admitida, me colocaram para trabalhar no setor de diálise. Desde o início, os doentes me amaram por causa de minha disponibilidade. Conseguia entrar facilmente em sintonia com eles, amava-os e procurava tornar o ambiente cada vez mais confortável", continuou ela, olhando-me de vez em quando, como que para controlar minha atenção.

Estávamos já no jardim, a dois passos de um chafariz. Os reflexos da água iluminavam seu rosto. Encarei-a por um instante, mas abaixou os olhos para não cruzar com os meus: estava alegre por poder falar, mas parecia ter medo de que eu lesse no fundo de sua alma. Há sempre um pouco a ideia de que os psicólogos têm esse poder.

"Desde o começo, o trabalho me agradou e passava muito tempo com os doentes. Pela minha atenção a eles e às suas necessidades, compreendiam que podiam confiar em mim e, aos poucos, começaram a contar um pouco de si: a mulher que tem problemas com o marido, porque a diálise atrapalhou a intimidade conjugal; o jovem noivo que tem medo de fazer projetos sobre seu futuro matrimonial; a pessoa serena que se conforma com sua doença, porque na família a aceitam assim e a querem bem, e, finalmente, a senhora que, embora consolada pelo marido, no momento em que se acomoda para a diálise, sente o terror da morte." Ao pronunciar essa palavra, Katy (é este o nome da jovem enfermeira) para por uns momentos, como se percebesse a presença de um personagem não convidado.

"Por causa de minha pouca idade, consegui entrar melhor em sintonia com o doente jovem, estabelecendo um relacionamento de amizade também fora do trabalho; eu o encorajava a continuar seu relacionamento com a noiva dizendo que, apesar da sua doença, poderia levar uma vida normal e que os transplantes já eram frequentes e com menos riscos." Sentamo-nos em um banco. Olhei o roseiral que costeava o muro do jardim. Poderia ter mudado a conversa, também porque me sentia um pouco "fora de ambiente", mas ela não me permitiu.

"Mesmo me empenhando ao máximo, não conseguia atender todas as exigências dos doentes e os seus pedidos. Parecia que tinham ciúmes de minha atenção por algum deles e eram mais exigentes também com os outros enfermeiros. Um colega me disse, muito claramente, para não viciá-los, e o enfermeiro com quem eu estava naquele turno me fez compreender que teria sido melhor se eu ficasse no meu lugar e não lhes tivesse dado muita confiança."

Sem que eu percebesse, tinha começado a jogar algumas pedrinhas na água do chafariz. Os reflexos que produziam sempre me encantaram. Percebi que alguém estava me observando um tanto admirado. Fingi que nada estava acontecendo e voltei a escutá-la. "De repente me senti como um carro em pane: bloqueada e frustrada. Também os doentes se queixavam da diminuição de minha atenção para com eles. Eu me tornava cada vez mais tensa, e a tensão que acumulava no trabalho se transferia também para casa, no relacionamento com minha família. Perdi o apetite e muitas vezes me surpreendi chorando. O meu pensamento estava sempre voltado para o trabalho, mas, quando estava lá, não conseguia mais produzir como antes, nem encontrava meu antigo entusiasmo. Também os familiares dos doentes começaram a se queixar. E aumentavam os conflitos com os colegas. Uma vez explodi e os fiz notar, com toda franqueza, que o café poderia ser tomado em cinco minutos sem perder todo aquele tempo como eles faziam. Olharam-me surpresos como se eu tivesse vindo de outro planeta."

Nesse ponto da conversa falei-lhe da síndrome de *burnout*, do estresse que aos poucos acaba com quem quer ajudar os outros. Disse-me que tinha ouvido falar dele, mas não havia dado muita importância.

Tinha ainda vontade de falar e me contou sobre o dia em que, durante uma sessão de diálise, um paciente havia morrido de repente, justamente o jovem ao qual se havia afeiçoado. E sobre como se encontrou impotente e atrapalhada diante daquela morte repentina. Em vez de ser "profissional" e conservar uma atitude distante e controlada, tinha se debulhado em lágrimas em público, a ponto de ser repreendida pelo médico de plantão. Havia voltado para casa triste e vazia.

"A minha situação", disse-me para concluir a história, "piora dia após dia e penso em deixar o trabalho. Talvez os meus colegas não estivessem totalmente errados quando me disseram que tinha acelerado muito e que eu não conseguiria mudar o mundo."

Falamos ainda um pouco. Disse a ela, entre outras coisas, que era livre para escolher, mas que era possível continuar a ajudar os outros e trabalhar bem, sem se esgotar. Mas talvez precisasse rever alguma coisa.

Contei que estava escrevendo um livro sobre o assunto e, se quisesses, poderia mandá-lo para ela. Tranquilizei-a dizendo-lhe que não estava sozinha e que sua situação não era assim tão rara.

Olhou-me aliviada e me pareceu ver em seus olhos a reverberação de um sorriso em meio à sua melancolia.

POR QUE AJUDAMOS OS OUTROS?

O comportamento pró-social

Basta gritar socorro para que alguém intervenha? E, se assim não o fizer, é por que "não tem coração"? Uma série de pesquisas psicológicas foi estimulada por uma agressão brutal, acontecida em Nova York, em 1964. O fato, narrado e comentado nas primeiras páginas de muitos jornais, tinha como vítima uma jovem senhora que fora apunhalada na rua, em um bairro residencial, nas primeiras horas da manhã. Seus gritos de socorro acordaram muita gente. As pesquisas da polícia mostraram que pelo menos 38 pessoas tinham observado a agressão criminosa das janelas de suas casas, mas ninguém havia socorrido a vítima e, mais estranho ainda, ninguém havia telefonado para a polícia.

Alguns psicólogos estudaram esse estranho fenômeno e concluíram que ninguém interviera justamente porque havia 38 testemunhas oculares, cujo número proporcionara uma difusão da responsabilidade, tornando-a quase zerada para todas as testemunhas. Como se cada uma delas, que olhavam das janelas, tivessem dito para si mesmas: "Muitos outros estão vendo e ouvindo. Por que justamente eu devo intervir?".

Muitos pesquisadores, estimulados por esse episódio, começaram a estudar o *comportamento pró-social* (como foi chamado) e os fatores que o influenciavam.[1]

Outros casos foram aos poucos atraindo a atenção dos meios de comunicação e dos estudiosos, como o que aconteceu em Liverpool, em 12

---

[1] Cf. LATANÉ, B.; DARLEY, J. M. *The Unresponsive Bystander: Why Doesn't He Help?* New York: Appleton-Century-Crofts, 1970; ASPREA, A. M.; VILLONE BETOCCHI, G. *Studi e ricerche sul comportamento prosociale*. Napoli: Liguori, 1993; SCHROEDER, D. A.; PENNER, L. A.; DOVIDIO, J. F.; PILIAVIN, J. A. *The Psychology or Helping and Altruism*. Problems and Puzzles. New York: McGraw-Hill, 1995.

de fevereiro de 1993. A câmera de um centro comercial captou a imagem de uma criança de dois anos que, separando-se de sua mãe, foi feita refém por dois rapazes que a levaram para fora e percorreram as ruas da cidade, arrastando-a e usando de violência contra ela. Cerca de 60 testemunhas observaram, sem intervir, as violências dos dois rapazes contra a criança, que depois foi encontrada morta nos trilhos de uma ferrovia.

Há uma concordância substancial entre os estudiosos do assunto quando definem *comportamento pró-social* como a conduta que uma pessoa tem voluntariamente para ajudar outra, e *comportamento altruísta* quando a ajuda é prestada com intenção de beneficiar o outro sem esperar recompensa. Nem sempre é fácil, porém, definir a presença ou não de benefícios para quem ajuda outra pessoa: sejam externos ou internos, conscientes ou não, abertamente procurados e esperados ou, de alguma forma, subentendidos pelo comportamento expresso, dito ou não dito. O limite entre o comportamento altruísta e o interessado não é sempre assim tão claro.

Muitas formas de ajuda poderiam, por exemplo, parecer totalmente altruístas, mas, analisando bem, pode-se descobrir que existem recompensas potenciais até na ação que à primeira vista pode parecer a mais altruísta: o aumento de estima, a prova do próprio valor, a admiração e os elogios do outro, a gratidão da vítima, a resolução dos sentimentos de culpa. As ações pró-sociais realizadas, por exemplo, no âmbito do voluntariado exercido no anonimato podem reparar e solucionar sentimentos de culpa nascidos entre os familiares. Há filhos que não se sentem capazes de cuidar dos próprios pais anciãos e dedicam, ao contrário, muito tempo a visitas e cuidados de outras pessoas necessitadas: se ninguém é profeta na própria pátria, pode-se também dizer que há quem se sente samaritano somente fora de casa.

Mesmo por trás da dedicação completa e exclusiva da mãe ao filho com deficiência pode haver uma tentativa, mais ou menos consciente, de compensação. Mas, ao analisar certas dinâmicas de "dedicação" no âmbito familiar, é preciso ser muito cauteloso. Pode ser fácil destruir uma relação de amor com interpretações psicológicas inoportunas. O risco é o de "psicopatologizar" até o amor mais verdadeiro. O problema é provavelmente o de ajudar a "libertar" a relação dos elementos menos sadios.

Várias teorias procuraram explicar o porquê do comportamento pró-social (ou comportamento de ajuda): das sociobiológicas (para as quais a escolha de ajudar é influenciada pela importância biológica do resultado e, portanto, as pessoas ajudam mais aqueles com os quais têm parentesco, mais ainda quando se prevê uma possível descendência) às psicológicas (para a psicanálise, está sempre presente algum interesse pessoal nos comportamentos altruístas; para a teoria da aprendizagem, são importantes as recompensas, os castigos ou os modelos a serem imitados; segundo a teoria do desenvolvimento cognitivo, o desenvolvimento moral e os comportamentos que o expressam acontecem por efeito da maturidade e da experiência, por meio de uma sucessão determinada de estágios).

São diversos os fatores que entram em jogo no comportamento pró-social.[2] Eles dizem respeito às características daquele que ajuda, a seus recursos, a seu estado de alma, à competência que possui e à eficácia prevista e percebida em sua ação. Mas a pesquisa sobre a personalidade do "bom samaritano" não trouxe os frutos esperados.

O estímulo para ajudar é influenciado também pela percepção das condições de necessidade da pessoa em dificuldade, pela atribuição de culpa (a tendência é não ajudar quando se "julga" a vítima culpada por aquilo que aconteceu), pela similaridade da vítima com o potencial prestador de socorro (simpatia ou pertença ao mesmo grupo social ou religioso estimulam mais facilmente a ajuda, enquanto estereótipos de vários tipos o impedem). Pode-se ser motivado a ajudar pelos benefícios que se pensa conseguir (vantagens não somente econômicas, mas também emotivas, como o sentir-se melhor ao aliviar os sofrimentos dos outros) ou então ser desencorajado pelos custos e riscos nos quais se possa envolver.

Aquilo que leva alguém a socorrer uma pessoa que precisa de ajuda pode ser uma forte capacidade empática, as normas sociais (de equidade,

---

[2] Cf. ZAMPERINI, A. *Psicologia dell'inerzia e della solidarietà*. Lo spettatore di fronte alle atrocità colletive. Torino: Einaudi, 2001.

justiça, reciprocidade e responsabilidade) ou as normas pessoais. Nem todas as normas, no entanto, promovem o altruísmo (a de *privacidade familiar*, por exemplo, impede as pessoas de intervir quando observam problemas ou violências no interior de outras famílias) e a presença de outros potenciais prestadores de socorro pode diminuir a pressão normativa para ajudar (o fenômeno, já citado, da apatia do espectador e da "difusão de responsabilidade").

Em caso de conflitos entre normas diversas, a opção está condicionada por vários fatores (nem sempre pelos valores mais elevados), e as emoções desempenham um papel importante nesse processo: os sofrimentos dos outros nos fazem experimentar angústia, dor, tristeza e sentimento de culpa. Essas emoções intensas, de modo especial no caso de identificação inadequada controlada cognitivamente, podem limitar a capacidade de "focalização" e de reflexão atenta.

Observou-se que a repetição do comportamento de ajuda pode estimular uma autopercepção positiva (o sentir-se uma pessoa generosa e altruísta), favorecendo comportamentos altruístas posteriores.

Para compreender o comportamento pró-social (gestos de altruísmo e solidariedade ou de indiferença e frieza), mais que se contentar em olhar o interior da pessoa, os psicólogos preferem hoje analisar seu comportamento no contexto em que ela está situada concretamente.

Passagens fundamentais

Latané e Darley descreveram o comportamento de ajuda como um processo que comporta cinco passagens fundamentais.

1. *Notar uma pessoa, um evento ou uma situação que podem exigir ajuda*. O primeiro, óbvio requisito, em relação ao comportamento de ajuda, é que alguém perceba a grande necessidade de socorro (a atenção é aqui fundamental) e principalmente se a situação for *percebida* como uma "emergência". Talvez, por isso, as necessidades psicológicas, não sendo percebidas como emergenciais, não recebem muita ajuda: é mais fácil, por exemplo, que receba atenção a dor física e não o sofrimento psicológico.

Quem tem necessidade de ajuda deve ser também "eficiente" em atrair a atenção: os doentes muito bons, que não reclamam, correm o risco de não receber a assistência da qual têm necessidade.

2. *Interpretar a necessidade*. A interpretação da situação que atraiu a atenção é crucial. A dificuldade em ajudar parte muitas vezes do não saber *decodificar* as comunicações recebidas. Uma leitura incorreta da necessidade impede uma resposta de ajuda adequada. E nossos *preconceitos* a respeito podem proporcionar alguma brincadeira de mau gosto. Se pensarmos que alguém finge (pior ainda, se já nos enganou algumas vez), as mensagens que nos envia serão lidas segundo essa "grade interpretativa". Depois, se o considerarmos culpado pelo acontecido, continuaremos a dizer a nós mesmos que "foi merecido": está aqui em jogo o mecanismo da *atribuição de causa*, um tema muito estudado em psicologia social.

3. *Assumir para si a responsabilidade de agir*. Identificado o tipo de necessidade, o passo seguinte é decidir entre intervir ou não, e, em caso afirmativo, assumir ou não a responsabilidade. A difusão de responsabilidade inibe o comportamento pró-social, atribuindo a outros presentes (especialmente se forem profissionais da área em questão) a obrigação de intervir. Quando está presente um médico ou um enfermeiro, é claro que cabe a eles, segundo o espectador, socorrer um ferido.

4. *Decidir a forma de assistência a oferecer e o tipo de implicação pessoal*. A ajuda pode ser de formas indiretas – fazer com que outros prestem o socorro – a formas mais diretas e imediatas, e aqui entra em jogo o cálculo *custo-benefício*. Quando os custos aumentam, ou a relação é constantemente desequilibrada em favor destes, a ajuda tende a diminuir com o tempo.

5. *Realizar a ação*. Na realização de um comportamento de ajuda, válido também nos seus aspectos "relacionais", entram em jogo vários fatores, como o sentir-se competente porque é preparado para fazê-lo. A preparação deve ser, porém, rica e flexível; se for rígida, "com um único objetivo", muito frequentemente impede uma ajuda verdadeira. Interessante, a esse propósito, o seguinte experimento descrito por Ellen Langer.

Uma colega pesquisadora se colocava numa calçada muito movimentada e pedia ajuda aos passantes dizendo que tinha sofrido uma torção em um joelho. A quem parava, pedia-lhe que fosse comprar uma faixa *Ace*, uma marca específica, na farmácia mais próxima. Ellen Langer estava na farmácia e escutava as pessoas que, na vontade de prestar ajuda à sua amiga, pediam a faixa *Ace* ao farmacêutico. Mas ele, em acordo com a psicóloga, dizia que havia acabado. Poderá parecer estranho, mas depois de uma resposta negativa, nenhum dos 25 sujeitos estudados pensou em pedir outro tipo de faixa. Todos saíam da farmácia e voltavam de mãos vazias para a mulher, desculpando-se por não ter encontrado a faixa *Ace*. As pesquisadoras concluem que, se tivesse pedido ajuda de forma menos específica (uma faixa qualquer), a pedinte tê-la-ia recebido.[3]

Um comportamento para o qual se pode educar

Com a estimulante pergunta "quem vai ser um doador de órgãos?", Elvira Cicognani apresenta uma pesquisa na qual, levando em consideração 186 *indivíduos não doadores*, quis compreender os fatores que influenciam as intenções de permitir a doação dos próprios órgãos. Os resultados, diz a autora, parecem indicar que "a decisão de se tornar doador exige mais que uma simples propensão em experimentar empatia e disponibilidade genérica para ajudar o próximo nas circunstâncias normais da vida cotidiana; antes, exige a disponibilidade para um empenho mais consistente, com envolvimento pessoal". Se o comportamento pró-social contribui para a construção de uma identidade de voluntário, esta aumenta a propensão dos sujeitos em adotar também outros tipos de comportamentos altruístas.[4]

A sociedade tem certamente muito a ganhar com uma adequada educação ao comportamento pró-social e ao altruísmo (que não é patri-

---

[3] LANGER, E. L. *La mente inconsapevole*. Psicologia per vincere meglio. Milano: Longanesi, 1990, pp. 21-22. [Orig. em inglês, 1989.]

[4] CICOGNANI, E. Chi diventerà donatore di organi? Uno studio sulle determinanti dei comportamenti di salute "altruistici". In: *Psicologia della salute*, 3-4 (1999), pp. 112-133.

mônio somente do voluntariado) e esta deve iniciar desde os primeiros anos de vida. Não se deve, porém, esquecer que um dos principais fatores de desenvolvimento da pró-socialidade é a experiência de uma segurança afetiva (fruto de boa afeição), como também a presença de modelos positivos (de amor altruísta) com os quais a criança possa gradualmente se identificar.[5]

O comportamento de ajuda (mesmo se não procurado e não desejado) tem sempre efeitos positivos sobre o agente, em especial nos aspectos mentais da saúde (controle emotivo, melhoria da autoestima, aumento do sentido de segurança, inibição do sentimento de culpa, superação do sentimento de inveja, otimismo etc.) e também nos aspectos físicos. Ajudando os outros, o "bom samaritano" também recebe alguma vantagem pessoal.

Por falar em samaritano, nos vêm à mente não somente a parábola do Evangelho, mas também todos os discursos que, a partir desta, são feitos para destacar a importância das motivações religiosas no comportamento de ajuda e o uso que se faz deste "modelo" em âmbitos caritativos e assistenciais. Não há dúvida de que essas motivações, que estão na base das várias relações de ajuda, são importantes. Elas são cada vez mais descobertas também no estudo e na prevenção do *burnout*.

Mas nem sempre o crer no valor da ajuda se expressa em comportamentos altruístas ou pró-sociais. Nem sempre as motivações "suscitadas" são suficientemente fortes e pessoalmente integradas para serem expressas na concretude das ações.

Interessante, a este propósito, uma pesquisa feita por Darley e Batson com o título *De Jerusalém a Jericó*, na qual se pôde evidenciar que, num grupo de estudantes de Teologia submetidos ao experimento, *aqueles que paravam* para socorrer uma pessoa em grande sofrimento por problemas respiratórios *eram aqueles que tinham mais tempo*. Enquanto os que andavam depressa não paravam, mesmo que estivessem indo para participar

---

[5] Cf. DE BENI, M. *Prosocialità e altruismo*. Guida all'educazione socioaffettiva. Trento: Erickson, 1999. Cf. também PINES, M. Il buon samaritano a due anni. In: *Psicologia contemporanea*, 41 (1980), pp. 9-16.

de uma conferência sobre a parábola do bom samaritano. O fator que mais influía no seu comportamento de ajuda não era o pensar na parábola (e nas normas comportamentais que dela derivam), mas no tempo que tinham à disposição.[6]

O risco é que os problemas éticos, em tempos em que tudo é cada vez mais rápido, aos poucos podem se tornar raridade.

Não podem ser tiradas conclusões gerais de um único estudo (outros autores "revisaram", pelo menos em parte, essas conclusões e estudaram melhor o relacionamento entre comportamento pró-social e o tipo de religiosidade), mas os resultados dessa pesquisa, no entanto, são interessantes. Os valores nos quais se crê nem sempre fazem a diferença no momento de agir. Certamente o problema é compreender de qual "crer" estamos falando.

Mas é também verdade que mesmo entre o crer e o fazer há um conjunto de variáveis, senão um oceano delas. Se isso põe em jogo a seriedade da nossa formação moral e de nossa crença nos valores e a nossa liberdade e responsabilidade pessoais, deve-nos também alertar sobre o fato de que há também uma série de fatores dos quais não temos consciência plena quando agimos e que condicionam a expressão (e a tipologia) dos nossos comportamentos de ajuda. A cultura na qual estamos imersos tem, nesse caso, um papel condicionante não secundário.

Os psicólogos sociais estão convencidos de que compreender o comportamento pró-social é de interesse tanto teórico como prático. Entender os *porquês* desse tipo de comportamento pode ser importante numa educação diferente para a vida social. Os fatores que influenciam no comportamento de ajuda são múltiplos e é preciso que sejam levados em conta na educação à pró-socialidade: fatores ligados à personalidade; variáveis cognitivas e emotivas; o contexto familiar, social e cultural no qual se vive e no qual acontece a educação afetiva e moral; fatores, portanto, ligados

---

[6] DARLEY, J. M.; BATSON, C. D. From Jerusalem to Jericho. A Study of Situational and Dispositional Variables in Helping Behavior. In: *Journal of Personality and Social Psychology*, 27 (1973), pp. 100-108.

ao desenvolvimento pessoal e social. O nosso comportamento social vem, por isso, de muito longe.

Os comportamentos pró-sociais, que se enquadram no conceito de saúde, entendida como bem-estar pessoal e social, são necessários para um desenvolvimento harmônico das relações de afeto e de amizade. Não se trata de educar as crianças para ajudar os outros esquecendo-se de si mesmas, mas para buscar o próprio bem-estar e o dos outros, na convicção de que ambos estão intimamente relacionados.[7] O convite insistente a amar os outros como a si mesmos não deveria ser esquecido.

Há algumas variáveis que predispõem melhor o agir dos comportamentos pró-sociais e altruístas e ajudam as intervenções educativas nesse campo por parte da família, da escola, das comunidades religiosas e de outros agentes educativos (tanto por intermédio do ensino formal como por meio de exemplos e modelos pessoais: está amplamente demonstrado que o ver promove o fazer).

São variáveis em grande parte herdadas e, portanto, estáveis, mas também "plásticas", sobre as quais se pode trabalhar:

- A *cordialidade* como tendência a se interessar pelos outros, prestar atenção a seus problemas, responder suas perguntas, criar relações afetivas, apoiar e reforçar socialmente o outro.
- A *autoestima*, que, embora sendo o resultado de intercâmbios sociais favoráveis, é também a base necessária para que as pessoas se sintam à vontade consigo mesmas e com os outros, dignas de amar e serem amadas. Um modo para incentivar o comportamento pró-social consiste em *favorecer um conceito positivo de si* como pessoa disponível para prestar ajuda, contanto que a motivação seja interior, mais que ligada à situação.

---

[7] Cf. LOPEZ, F.; FUENTES, M. J.; ORTIZ, M. J.; ETXEBARRÍA, I. Como promover la conducta prosocial y altruista. In: PÉREZ-DELGADO, E.; MESTRE, V. (orgs.). *Psicología moral y crecimiento personal*. Barcelona: Ariel, 1999. pp. 211-225, também para as anotações seguintes.

- A *autoeficácia social*, que faz a pessoa se sentir capaz (por experiência e por ter recebido uma série de respostas positivas) de levar a termo os comportamentos de ajuda e antecipar suas consequências positivas, assim como de influir sobre os outros, estimulando respostas relacionais (de reciprocidade) adequadas. A percepção de autoeficácia torna-se uma fonte importante de motivação e de reforço para os comportamentos pró-sociais.

- O *controle interno* (a convicção de ter um controle das próprias ações), que faz a pessoa se sentir capaz de influenciar os outros e de ser agente ativo e eficaz nas relações sociais. A convicção de que o controle é *externo* (nas mãos dos outros) leva, ao contrário, a sentimentos de fatalismo, impotência e afastamento das relações sociais. Aquilo que influencia de modo especial o controle interno é um sentimento de *vínculo afetivo seguro* em relação a um inseguro. Isso depende muito do tipo de relações afetivas precoces com as figuras de afeição paternas e é fruto do sentimento de segurança (ou de insegurança) que temos em nosso interior.

- A *empatia* tanto nos seus aspectos cognitivos (capacidade de se colocar no lugar do outro e *definir o tipo de sua necessidade*, sabendo que a ambiguidade reduz a possibilidade de intervenção) como nos emotivos (viver dentro de si aquilo que o outro está vivendo). É uma capacidade "vulnerável" a várias influências: por parte do sujeito e do seu momento de vida, por parte do outro, da situação na qual está inserido e de como é percebido (vários preconceitos podem influenciar as atribuições de culpa e levar a comportamentos de desempenho). A empatia aumenta a disponibilidade para ajudar. A capacidade de conhecer e controlar as emoções é um elemento importante também na *inteligência emocional* e na faculdade de desfrutar bem as próprias possibilidades, ter sucesso na vida real e administrar da melhor maneira as relações sociais.[8]

---

[8] Sobre este tema, cf. GOLEMAN, D. *Inteligência emocional*: a teoria revolucionária que redefine o que é ser inteligente. 45. ed. Rio de Janeiro: Objetiva, 1997.

- Uma capacidade de *juízo moral* maduro, fruto de uma interiorização progressiva das normas sociais e da descoberta de princípios de valor universal. A convicção da dignidade de cada pessoa torna o indivíduo respeitoso para com as diversidades, certo de ser digno de ajuda e responsável pela ajuda aos outros.
- A capacidade de assumir para si *responsabilidades* ("focalizar as responsabilidades" torna mais fortes as pressões normativas para ajudar, assim como a "difusão de responsabilidade" as torna mais fracas).
- Há, ainda, uma série de *habilidades instrumentais* (relacionais, interpessoais e sociais) que, como características da personalidade, são em parte herdadas e em parte aprendidas.

A EMPATIA E SEUS RISCOS

A importância da empatia

O comportamento pró-social (e a capacidade de responder à necessidade do outro) pode ser condicionado por nossas expectativas pessoais. Aos 75 anos, Carl Rogers faz algumas reflexões e, entre outras coisas, escreve:

> Aprendi de que modo as expectativas dentro de um relacionamento acabam muito facilmente por causa das exigências impostas a ele. Observei que uma das coisas mais difíceis para mim foi cuidar de uma pessoa como ela é, naquele momento, dentro do relacionamento. É muito fácil cuidar dos outros por aquilo que eu *penso* que são, ou *gostaria* que fossem, ou que acho que *deveriam ser*.[1]

Uma empatia verdadeira, sem confusões ou projeções indevidas daquilo que sou no outro, portanto, baseia-se no respeito por ele e nem sempre é fácil. Vários autores a definem de modos diversos. Carl Rogers a explica assim:

> Sentir o mundo mais íntimo dos valores pessoais do paciente, como se fossem seus, sem, porém, nunca perder a qualidade do *como se*, é empatia. Sentir sua confusão, sua timidez, sua ira ou seu sentimento de ser tratado injustamente como se fossem seus, sem que o próprio medo ou suspeita se confundam com os dele, esta é a condição que procuro descrever e que considero essencial para estabelecer um relacionamento produtivo.[2]

---

[1] ROGERS, C. R. Invecchiare o crescere da vecchi. In: *Psiche*. Milano: Fabbri, 1986. vol. 3, p. 173.

[2] Id. *La terapia centrata sul cliente*. Firenze: Martinelli, 1979. pp. 92-93. [Ed. bras.: *A terapia centrada no paciente*. São Paulo: Martins Fontes, 1975. Orig. em inglês, s.d.]

A empatia é a capacidade de sintonizar-se cognitiva e emocionalmente (com a mente e o coração) com os outros, com aquilo que estão vivendo, e, por isso, favorece o conhecimento da pessoa e a boa qualidade da relação de ajuda. Numerosas pesquisas encontraram justamente na empatia um dos fatores motivacionais mais importantes do comportamento pró-social. Batson afirma que há uma ligação íntima entre empatia e altruísmo. Evitá-la conduz ao desinteresse pelas necessidades dos outros e, portanto, ao *burnout* (mas defender-se de um relacionamento empático é também seu sinal).

A capacidade de se identificar, de compartilhar as respostas emotivas de outrem, serve de mediação entre a percepção de suas exigências ou dificuldades e as ações pró-sociais. Quando definem a empatia, alguns acentuam somente os componentes cognitivos, enquanto outros dão relevo ao aspecto emocional-afetivo. Na realidade, na empatia, aspectos cognitivos e emotivos estão intimamente relacionados. Um desequilíbrio de uma parte ou de outra mina sua eficácia.

Segundo Feshbach, a empatia exige *a capacidade de reconhecer e distinguir os sentimentos do outro e de assumir sua perspectiva e a sensibilidade emotiva*: quem observa deve ser capaz de experimentar, de certo modo, a emoção negativa ou positiva do outro para ser capaz de compartilhar com ele aquela emoção.[3]

Às vezes, a empatia é mais centrada no outro, outras vezes em si mesmo. Na *empatia centrada no outro*, a atenção é focalizada em suas necessidades e sentimentos, provocando no observador uma participação emotiva que o impele à ajuda (que, nesse caso, é fundamentalmente altruísta). Na *empatia centrada em si mesmo*, a atenção está na própria pessoa, sendo a motivação para a ajuda os próprios sentimentos de mal-estar e de ansiedade em ver o outro na necessidade (a motivação nesse caso é, em certo sentido, interesseira e egoísta, ou seja, busca aliviar o próprio sofrimento).

---

[3] Citado em MUSSEN, P.; EISENBERG-BERG, N. *Le origini delle capacità di interessarsi, dividere ed aiutare*. Roma: Bulzoni, 1985, p. 126. [Orig. em inglês, 1977.]

Muitas vezes, não são muito diferentes os vários tipos de empatia na qual o grau de mediação cognitiva (isto é, o controle do pensamento sobre a emoção) e de diferenciação entre o indivíduo e o outro modela uma forma diversa de partilha. A vários tipos de ativação emotiva correspondem diferentes possibilidades de comportamentos pró-sociais e altruístas. Se a participação empática é do tipo *contágio emotivo*, no qual há total identificação com a experiência emotiva do outro, sem uma diferenciação entre mim e ele, não há espaço para a realização de comportamentos de ajuda concretos e eficazes.

Em suas formas contrárias, isso é evidente em muitos profissionais da saúde, nos quais, depois de uma forte vivência de identificação com as vivências dos outros, a negação do sofrimento do paciente parece tornar-se a defesa extrema para continuar a fornecer ajuda e se defender daquele tipo de estresse chamado *burnout*.

> A incapacidade de conseguir se relacionar de modo realmente empático, isto é, diferenciado e mediado, faz na realidade fracassar o comportamento de ajuda, porque a negação conduz à objetivação do outro.
> Se os aspectos técnicos da intervenção de socorro estiverem talvez salvos, cai a consideração do outro como pessoa dotada de emoções, de cujo bem-estar global deveríamos nos ocupar.

Nesse sentido, a "des-humanização" presente no relacionamento de assistência e de cuidado (a despersonalização) pode ser devida, pelo menos em parte, a uma não atenta adesão emotiva ao sofrimento do outro: favorecendo um envolvimento fora de controle e um consequente distanciamento defensivo. Os comportamentos pró-sociais exigem, ao contrário, a capacidade de mediar e controlar cognitivamente, isto é, com a cabeça, a própria participação emotiva, sem negá-la. A empatia é, portanto, um fenômeno que se coloca ao longo de um *continuum* que vai do contágio emotivo automático, privado de mediação cognitiva, às formas mais mediadas e controladas pelo pensamento.[4]

---

[4] Cf. BONINO, S.; LO COCO, A.; Tani, F. *Empatia*. I processi di condivisione delle emozioni. Firenze: Giunti, 1998. pp. 7-61.

Os estudos sobre o comportamento pró-social, também no nível evolutivo, sublinham de fato a importância da componente cognitiva. Antes de ajudar os outros, de expressar compreensão ou compaixão, devemos observar e interpretar cuidadosamente a situação que estão vivendo, compreender sua experiência, avaliar suas exigências e seus desejos, decidir ações eficazes e de maior ajuda para eles, formular e executar nossos planos para a ação pró-social.

Em resumo, a ação pró-social madura exige diversos processos cognitivos fundamentais: observar, perceber, raciocinar, avaliar, resolver o problema, tomar decisões e agir. A participação emotiva é importante, mas não deve dominar.

Dever-se-ia prestar maior atenção ao modo como a ajuda é vivida pela pessoa que a recebe. Quem recebe ajuda pode percebê-la, de fato, como gesto de atenção e resposta a uma necessidade, e, portanto, ser agradecida. Mas pode também vivê-la diversamente: sentir-se usada e manipulada por parte do benfeitor que, no ajudar, buscaria os próprios interesses; pode considerar a ajuda como ameaça à própria autoestima (às vezes, há pessoas que, embora precisem, não pedem ajuda, para manter alguma dignidade e respeito à sua individualidade), especialmente quando não tem possibilidade de retribuir; pode ver a ajuda como sinal de inferioridade, num relacionamento que cria e mantém dependência de alguém que detém o poder diante do qual pode desenvolver um pouco de ressentimento; pode sentir-se submisso e obrigado a retribuir a ajuda (por isso, algumas pessoas preferem receber a ajuda em forma de empréstimo ao qual podem retribuir). Bruna Zani escreve:

> Estas considerações nos levam a focalizar a análise não sobre cada indivíduo e suas características pessoais, mas sobre o tipo de relacionamento existente entre os sujeitos envolvidos na relação e as características da situação em que se atua o comportamento.[5]

---

[5] Cf. ZANI, B. Altruísmo e solidarietà. In: EMILIANI, F.; ZANI, B. *Elementi di psicologia sociale*. Bologna: Il Mulino, 1998. pp. 244-245.

A psicologia de quem presta ajuda e a de quem a recebe são diferentes: quem realiza um gesto altruísta tende a sublinhar aquilo que fez e o quanto lhe custou, enquanto aquele que a recebe tende a diminuir-lhe a importância. Várias pesquisas demonstraram o valor da reciprocidade nas relações altruístas, sobretudo para os sujeitos com autoestima elevada. As respostas altruístas nas quais há reciprocidade entre dar e receber têm efeitos melhores em relação à ajuda que não oferece possibilidade de retribuição.

"Se eu não fizer..."

Para que uma psicoterapia seja eficaz, não basta nem o conhecimento da teoria nem a compreensão intelectual do paciente. Para ajudá-lo, é preciso conhecê-lo em seu aspecto emotivo.

> Não é realmente possível captar os sentimentos sutis e complexos das pessoas senão por meio do *conhecimento emotivo*. É a este conhecimento de tipo emotivo, este experimentar sentimentos de outra pessoa, que se define com o termo empatia.[6]

Ao sentir empatia, aquele que ajuda deve envolver-se na experiência emotiva do outro (mesmo que parcial e temporariamente), fazendo um deslocamento contínuo do papel de observador para o de sujeito participante e vice-versa. A pessoa que é inibida em sua capacidade de experimentar empatia se defende por medo de ser envolvida pelo paciente. Ao contrário, as pessoas incapazes de controlar a empatia têm a tendência de se deixar envolver muito intensamente.

Não se deveria esquecer que o escopo da empatia é compreender o paciente para poder ajudá-lo, e isso não é possível quando se permanece psicologicamente distante, mas também quando se perde o controle do próprio envolvimento. Raph Greenson nos recorda:

---

[6] GREENSON, R. R. L'empatia e le sue vicissitudini. In: VV.AA. *Affeti senza parole*. Torino: Bollati Boringhieri, 1995. p. 77. Cf. este escrito também para as anotações seguintes.

Essencial para o desenvolvimento da boa capacidade de experimentar empatia parece ser a capacidade de o terapeuta estar distante e ao mesmo tempo envolvido, observador e participante, objetivo e subjetivo em relação ao paciente. O terapeuta deve, sobretudo, permitir que aconteçam oscilações e passagens entre estes dois tipos de posições. Freud descreveu a atenção interrompida, livremente flutuante, que se exige do analista.

Outros autores sublinharam a necessidade de oscilar entre observação e introspecção, entre aquilo que acontece fora e o que acontece dentro de si. Este entrar na vida do outro e voltar-se a si, este oscilar entre o perder-se no outro e reencontrar o outro dentro de si, é possível somente quando se tem um forte sentido de identidade. Isso vale, com as devidas variações, também fora da relação psicoterapêutica, para a relação de ajuda em geral.

Ao ajudar os outros, deve-se evitar, sobretudo, o que Carmen Berry chama de a *armadilha do messias*: amar e ajudar os outros, esquecendo-se de amar e ajudar a si mesmo. Ela escreve no livro *Quando ajudar você faz mal a mim*:

> Havia alguma coisa em mim, uma força inevitável e irresistível, que me impelia a trabalhar por horas e horas e nos sete dias da semana. Não tinha nunca tempo para mim mesma, exceção feita para aqueles momentos em que eu não aguentava. Sentia-me impelida a ajudar o próximo a tal ponto que às vezes me parecia ser vítima de um verdadeiro vício.[7]

"Se eu não fizer, ninguém vai fazer": disso está obsessivamente convencido aquele que caiu na armadilha, como também do fato que *as necessidades dos outros têm precedência sobre as próprias*.

Segundo Carmen Berry, são várias as características típicas daquele que ajuda e acredita ser um messias:

- Procura o sentido do próprio valor "comportando-se como se deve" para merecer a estima das pessoas que considera importantes, permi-

---

[7] Cf. BERRY, C. R. *Quando aiutare te fa male a me*. Milano: PAN, 1993. [Orig. em inglês, 1988.]

tindo, portanto, que os outros (e suas expectativas) condicionem suas ações e, para agradar-lhes, descuida de seus interesses pessoais.

- Deve sempre conseguir os resultados máximos para *se sentir aceito* pelo próximo e, aos poucos, se torna escravo da tentativa de demonstrar que é *indispensável* aos outros; sente-se culpado se não ajuda aqueles que precisam dele ou se não consegue aquilo que o convence de seu valor.
- É levado a ajudar quem está aflito, sem, porém, enfrentar a própria dor, encontrando no ajudar um modo até aceitável para fugir de uma conscientização dos próprios problemas e, com isso, dissimulá-los nos relacionamentos com os outros.
- Encontra dificuldade em construir relacionamentos paritários e não aceita ser ajudado: no fundo, seu ser é uma criança que *se sente impotente* para proteger a si mesma, e mascara essa sensação fazendo o *papel poderoso* daquele que ajuda.
- Torna-se prisioneiro da própria solidão, do seu sentir-se diferente e especial.
- Para quando já é tarde demais.

São raríssimos os "messias" que param e se perguntam sobre as razões da própria corrida infinita. A propósito de uma paciente, a autora escreve:

> Isabel entrou no meu consultório porque este caminho a havia esgotado. Tinha intuído a verdade: a competição não podia nunca ser vencida pelo simples motivo de, na verdade, ser uma verdadeira *armadilha*.

Todos aqueles que caíram nessa armadilha apresentam certos traços dessas características, mesmo que os expressem com estilos comportamentais diversos. A experiência profissional permitiu à autora identificar sete tipos que são uma espécie de variações sobre o tema: o complacente, o salvador, o doador, o conselheiro, o protetor, o professor e o crucificado. Em última análise, o "messias" ajuda o próximo para resolver a própria dor. "A irresistível tendência de se aproximar de pessoas que recordam a si mesmo é motivada pela necessidade de sentir a dor do outro para sentir a própria". Mas também para fugir de uma solução.

Por isso, na tentativa de *dar justamente aquilo que tem desesperadamente necessidade de receber*, não poucas vezes ele *atrapalha quando ajuda*.

- O *complacente* barra uma verdadeira comunicação.
- O *salvador* estimula no próximo um sentimento de impotência.
- O *crucificado* está constantemente enraivecido com todos os que não se unem à sua causa.
- O *doador* procura controlar o próximo por meio de seus dons, dando uma contínua mensagem de que quem recebe ajuda e assistência é incapaz de cuidar de si mesmo.
- O *protetor* controla a informação, sente-se dono de esconder a verdade ou revelá-la, de decidir "pelo bem dos outros".
- O *conselheiro* promove uma intimidade unilateral, instaura um relacionamento caracterizado por um forte envolvimento emocional-afetivo, mas controla para que a "vulnerabilidade" seja vivida somente pelo outro. Quando fala de sua irmã, um paciente se expressa assim: "Às vezes, não tenho nenhum problema, mas quero estar com ela e fofocar sobre banalidades. Mas, para que minha irmã se interesse pelos meus assuntos, devo pôr para fora alguma coisa pela qual ela deva me aconselhar, caso contrário me deixa falando sozinho para ir ajudar outra pessoa".
- O *professor* evita a intimidade subindo no palco, procura aplausos e os encontra mais facilmente fora de casa.

Tudo isso cria facilmente um relacionamento desequilibrado e uma sensação de impotência na pessoa que recebe a ajuda. Cria também a ilusão, desmentida pelos fatos, de que no ajudar os outros a própria dor é resolvida, as velhas feridas podem ser curadas ou os próprios problemas ficam sob controle. Mas estes continuam e podem voltar repentinamente a se fazer sentir.

O cansaço de ajudar

Este poderia ser o título da breve história a seguir.

Cláudia, jovem médica, finalmente vai conseguir realizar o seu sonho: ajudar as vítimas de um terremoto num país distante. Há alguns anos, faz parte de uma associação que tem esse objetivo e procurou uma formação *ad hoc*.

A motivação para esse tipo de trabalho nasceu de uma experiência pessoal, quando via na televisão a própria cidade ser devastada por um forte terremoto e não podia salvar ninguém, muito embora fosse médica, porque estava do outro lado do oceano. Naquele terremoto havia morrido também sua mãe.

Certo dia, às quatro da manhã, recebe o telefonema do responsável pela associação que lhe comunica a iminente partida para uma região distante, onde acontecera um forte terremoto. O grupo é formado por uma dezena de profissionais, cuja tarefa é construir um hospital de campanha num pequeno povoado para prestar os primeiros socorros.

Ao chegarem ao lugar, veem uma cena desoladora: tudo está destruído, ouvem-se vozes de pessoas soterradas, sobreviventes chocados procuram os entes queridos debaixo dos escombros. É necessário um grande esforço para tirar os corpos dali. A desorganização é total: cidadãos que brigam para decidir como organizar o socorro, feridos que não são socorridos e religiosos fanáticos que somente atrapalham. Cláudia fica muito chocada diante dessas cenas apocalípticas, mas agora tem a possibilidade de ajudar o próximo, e isso lhe enche de entusiasmo: saber que pode salvar a vida dos outros a mergulha num irresistível trabalho desde a chegada.

Todos estão empenhados: alguns do grupo de intervenção trabalham na tenda, enquanto Cláudia, com outros dois médicos e duas enfermeiras, está entre os escombros para prestar os primeiros socorros a quem está em condições graves. O trabalho exige muita energia, mas Cláudia, apesar do calor tórrido que a faz sofrer, não para um instante e trabalha incessantemente, dia e noite.

Sente-se uma "salvadora" para aquela gente pobre, e essa convicção lhe dá uma energia excepcional. Ocupa-se, sobretudo, das crianças e comove-se com seus gritos: cada criança que salva a lembra dos próprios filhos e, quando vê alguma delas morta, os pensamentos tristes se acumulam. Sente-se mãe entre aquelas mães sofredoras, identifica-se com elas, sobretudo quando deve encontrar palavras para dizer-lhes que não há mais nada a fazer.

Durante os socorros, foi tirada dos escombros de uma casa uma mulher gravemente ferida com a mesma idade de sua mãe. Até os olhos daquela mulher lhe recordam o olhar da mãe. Toma para si esse caso, ocupa-se dela de modo especial lutando por sua sobrevivência e pedindo contínuas informações.

Depois de dois dias de trabalho, quase sem descanso (havia dormido somente três horas, fazendo calar o próprio cansaço), subitamente as energias parecem definhar apesar de considerar sua contribuição indispensável para salvar todas aquelas vidas. De repente, tem a sensação de "rodar no vazio" e de se encontrar no ponto de partida, também porque os socorros internacionais demoram a chegar e são poucos: uma gota naquele oceano de necessidades. A incapacidade de dialogar com as pessoas do local aumenta nela o nervosismo e o mal-estar.

Cláudia continua a se atirar ao trabalho, mas parece que tudo aquilo é como uma gota no oceano, algo sem sentido. Também o trabalho de equipe, que tinha começado com muita cara feia, se desenvolve lentamente e a máquina organizativa parece dificultar: não faltam brigas e mútuas atribuições de culpa, e isso não faz senão aumentar a distância entre os colegas.

Tem a sensação de que seu trabalho não é reconhecido como importante. Falta-lhe um gesto ou uma palavra de reconhecimento por parte de quem ela ajudou. Ninguém a agradece por aquilo que está fazendo.

Sentir-se impotente para salvar aquelas vidas aumenta sua desilusão. De repente, compreende que seus ideais eram elevados demais e irrealizáveis, utópicos. Isso lhe provoca sofrimento e muita culpa; percebe um profundo sentimento de falência pessoal e começa a questionar a própria capacidade de médica. Torna-se fria nos relacionamentos com os feridos e os colegas.

Passaram-se muitos dias desde a chegada de Cláudia ao local. Sente-se agora vazia e emocionalmente esgotada; socorrer tantas pessoas, retirar os cadáveres, nada mais lhe parece útil e acaba considerando as vítimas do terremoto como objetos que devem ser consertados ou deixados de lado.

A desilusão chega ao máximo quando aquela mulher que lhe recordava sua mãe, justamente a que de modo especial queria salvar e que era tão importante, morre depois de alguns dias de luta.

Os sentimentos que eram "a favor dos outros" agora se transformaram em "repulsa". Cláudia sente um forte sentimento de aversão pelo trabalho e repugnância pelos corpos retirados dos escombros. Tem o desejo profundo de um choro libertador, que, porém, não vem. Torna-se cada vez mais agressiva com os colegas. Um deles percebe seu mal-estar, pergunta se precisa de ajuda, mas ela recusa com rispidez.

Sente náuseas e dor de cabeça, não come regularmente, toma muito café e, nas breves pausas, fuma demais. Além disso, muitas vezes tem taquicardia e um sentimento de opressão no peito. Mas o trabalho deve continuar. No entanto, age de modo apático e realiza os socorros como se fosse um robô.

Dizem-lhe que há ainda mais de quinhentas pessoas do povoado presas sob os escombros. No entanto, também os remédios e o material sanitário começam a faltar. Mas Cláudia já está indiferente e não vê a hora de voltar para seu país, para sua casa.

É uma história singular, mas não única.

Ajudar exige uma grande energia que, às vezes, inesperadamente, falta.

Pode-se sofrer daquilo que é chamado *fadiga por compaixão*, um termo introduzido por Joinson, mas difundido na literatura psicológica por Charles Figley. Manifesta-se como esgotamento físico, emocional e espiritual, acompanhado de um sofrimento agudo. Segundo alguns especialistas, é simplesmente uma forma de *burnout*; segundo outros, é um pouco diferente. Enquanto no *burnout* a pessoa se torna *gradualmente* menos empática e se retira (pelo menos psicologicamente) da relação, o médico (ou outros profissionais sanitários ou sociais), *de repente* é tomado pela fadiga por compaixão, continua a se dedicar aos pacientes e tem grande dificuldade em manter uma empatia sadia, um justo equilíbrio entre envolvimento e distância. Quem é afetado por essa síndrome se sente sugado como num redemoinho, mas continua a trabalhar até ficar completamente esgotado.

É aquilo que experimentaram Cláudia e Andy, um médico de família que sempre foi um profissional enérgico e escrupuloso. Agora, aos 38 anos, cansado, cínico e sozinho, revolta-se contra o sistema de saúde, porque o obriga a atender mais pacientes num tempo cada vez menor e a preencher pilhas de papéis. Está incomodado com seus pacientes porque são cada vez mais exigentes e insatisfeitos. Tem também menos autonomia decisória do que tinha alguns anos atrás. As relações com seus pacientes se fortalecem, mas não parecem mais lhe dar a mesma satisfação de tempos passados. Falar com a esposa, que sempre lhe deu muito apoio, não o alivia dos seus sentimentos de intenso isolamento.[8]

Antes, o envolvimento com os pacientes – seu amor, apreço e respeito – dava aos médicos de família uma boa carga de trabalho. Agora, eles são muitos. E sempre falta tempo para um cuidado adequado. É preciso fazer mais coisas ao mesmo tempo e, o que é pior, renunciar a muitas outras fora do trabalho. E isso não faz senão agravar a fadiga.

Não é, porém, um problema insolúvel. Deve-se somente "reconhecê-lo" a tempo. É inútil continuar a dizer "se" ou censurar os outros. É preciso perguntar-se qual é o sentido do próprio trabalho e da própria vida e tirar disso as devidas conclusões. É necessário aprender a cuidar de si mesmo, não fechar a própria identidade dentro do papel profissional e assumir uma série de atividades sadias fora do trabalho. É importante

---

[8] Cf. PFIFFERLING, J. H. Overcoming Compassion Fatigue. In: *Family Practice Management*, Abril de 2000 (http://www.aafp.org/fpm); STEBNICKI, M. Stress and Grief Reactions among Rehabilitation Professional Dealing Effectively with Empathy Fatigue. In: *Journal of Rehabilitation*, 1 (2000) e, de modo especial, os trabalhos de Charles Figley. Prefiro a tradução "fadiga *por* compaixão" (e "fadiga *por* empatia") à mais frequente de "fadiga *da* compaixão". Não analiso aqui as distinções entre compaixão e empatia.

conversar com alguém que compreenda o problema. Às vezes, um grupo de apoio é como "um porto seguro", no qual encontramos a nós mesmos. Não são opções egoístas. As melhorias pessoais poderão ser vistas também na relação com os próprios pacientes.

Há quem prefira chamá-la *fadiga por empatia*.

Cuidar das pessoas que estão vivendo um trauma ou um acontecimento extremo, com consequente desenvolvimento de um transtorno do estresse pós-traumático (*pos-traumatic stress disorder*), faz o profissional viver um tipo de estresse traumático secundário (*secondary traumatic stress disorder*), por uma espécie de contágio. Se o processo empático com a pessoa que está sofrendo um trauma o ajuda a compreender sua experiência, há, porém, sempre o risco de que problemas emocionais não resolvidos ligados à realidade do paciente, a excessiva identificação com ele e a exposição contínua à dor do outro o levem a envolver-se demasiadamente e ficar abalado com isso.

Trabalhar diretamente com as vítimas e os sobreviventes de acontecimentos catastróficos é psicologicamente um risco. Cria-se, entre quem ajuda e quem é ajudado, um verdadeiro "círculo de vulnerabilidade". Em um grupo de oito profissionais que ajudavam os sobreviventes do ataque às Torres Gêmeas de Nova York, um psicólogo pôde notar que pelo menos três deles apresentavam os sinais da *fadiga por compaixão*.[9]

A compaixão (como a empatia) é certamente importante nas profissões de ajuda. Só não é fácil saber administrá-la, especialmente nas situações emocionalmente fortes. Negar que haja uma *fadiga em ajudar* os outros e no envolver-se de alguma forma com sua experiência não faz senão complicar as coisas.

Às vezes, é preciso aprender a dizer não, sem se sentir culpado por isso. Há quem sugira alguns modos de fazê-lo. Na base de tudo deve existir a convicção de que, por mais valente que você seja, não pode re-

---

[9] Cf. WHITE, G. D. Near Ground Zero: Compassion Fatigue. In: *Traumatology*, 4 (2001), pp. 151-154.

solver tudo e deve escolher claramente o que quer fazer de sua vida e de seu tempo.

Esclarecido isso, pode responder aos pedidos com um não "amável" ("aquilo que você está me propondo é certamente mais agradável que aquilo que estou fazendo, mas infelizmente preciso dizer-lhe não"); um não "condicional" ("não posso dizer-lhe sim, mas se puder lhe ser útil de outro modo..."); um não "vou pensar" ("dê-me um pouco de tempo para resolver"); um não "que oferece uma solução alternativa" ("não posso ajudá-lo, mas conheço quem terá o prazer de fazê-lo"); um não "que esconde um segredo" ("agora não posso dar prioridade ao seu pedido"), e não precisa explicar porque *agora* você não pode.[10]

Mesmo que as pessoas não aceitem a primeira resposta, não se sinta inseguro de sua decisão.

---

[10] Cf. VACCARO, P. J. Five Ways to Say "No" Effectively. In: *Family Practice Management*, julho/agosto de 1998 (http://www.aafp.org/fpm).

UM ESTRESSE CHAMADO BURNOUT

"Madre Teresa só existe uma"

Querer ajudar não basta, assim como não basta se entusiasmar pela atividade. Prova disso é a história que me foi contada por um grupo de estudantes durante um curso sobre o *burnout*.

Valéria é uma moça agradável. Não que seja linda, isso não se pode dizer dela, mas tem aquele modo de ser, de se interessar pelos outros, de se tornar disponível, por isso é uma presença sempre solicitada quando há necessidade de alguém que dê uma mão.

Não é uma moça de pequenos projetos: voa alto e se pergunta se a sua propensão inata para o altruísmo não é um talento vindo de Deus, no qual deva ler a própria vocação. Por isso, matriculou-se na escola de enfermagem. Para ela, é mais que uma profissão: é uma verdadeira missão.

O tirocínio prático da escola confirma suas convicções. Gosta de estar com os doentes e sente uma atração especial pelos mais abandonados, como aqueles velhinhos tão desorientados e desprezados do setor de geriatria. Causam-lhe pena e fica amargurada pelos modos bruscos como são tratados pelos demais enfermeiros. Quando é ela que os atende, ao contrário, pode-se ler o reconhecimento em seus olhos. O seu modo de responder é diferente.

Depois de formada, orientada por Padre Alberto, seu conselheiro espiritual, Valéria pediu para ser admitida na casa de repouso da cidade vizinha. Algumas das pacientes da instituição tinham-na encontrado na geriatria, onde lhe relataram suas lamentações sobre a desumanidade com a qual eram tratadas. É preciso que alguém cuide desses problemas e Valéria está decidida a trazer um ar novo à frieza do ambiente. "Se eu não fizer...", pensa.

A chegada de Valéria à casa de repouso foi logo notada por todos: pelas moradoras, que encontraram quem as acariciasse, as escutasse e as encorajasse um pouco; pela diretora da instituição, à qual não parecia verdade ter admitido uma funcionária tão motivada, ativa, que nunca ficava doente; pelas enfermeiras do seu pavilhão, que agora tinham uma colega sempre disposta a trocar o plantão, e aquelas que não dispensavam alguma alfinetada: "No começo é assim mesmo: a gente tem uma grande vontade de mudar o mundo; mas, depois, a lua-de-mel acabará também para você, minha querida!".

No entanto, Valéria, que se sente como se estivesse em sua casa, está convencida do contrário.

Está apaixonada pelo trabalho. Há sempre alguma boa desculpa para ficar além do horário e registrar a saída mais tarde. Também na família, à mesa, as conversas muitas vezes terminam em "suas" velhinhas: em Rosa, que é muito parecida com a querida avó recentemente falecida; em Ernestina, cujos filhos não se dignam fazer uma visita à mãe; em Emília, que fica triste quando ela termina o turno de trabalho, e em muitas outras.

Por outro lado, o velho Padre Maurício, capelão da casa de repouso, insiste para que ela, que é uma moça tão bem disposta, se encarregue de animar o canto das missas do domingo. No Natal, organiza um bingo, o que agrada muito às moradoras: algumas pedem que se repita a experiência e, assim, Valéria acaba passando vários domingos animando suas tardes.

Depois de algum tempo, as outras funcionárias começam a reclamar, acusando-a de acostumar mal as moradoras, como também riem dela pelo fato de, às vezes, se dispor a cuidar, à noite (gratuitamente), de alguma que esteja mal, "para se fazer de boazinha aos olhos dos parentes e depois... ela deve também ter algum interesse nisso!". Também Padre Maurício, depois que Valéria se empenhou tanto em convencer alguns rapazes do oratório a tocar violão, convence-a de que aqueles cantos tão modernos não são apropriados para as velhinhas.

Com o passar do tempo, as tardes festivas foram rareando e se tornaram motivo de discussão: há confrontos com "aquelas que antigamente trabalhavam na paróquia" e, de forma direta, Patrícia a acusa de favoritismo.

Padre Alberto, que a vê cada vez menos no grupo juvenil, faz-lhe uma observação de que é preciso ter equilíbrio nas coisas, que deve dar uma parada porque "Madre Teresa de Calcutá só existe uma!". Valéria acha completamente absurdo o conselho e a comparação: o que tem a ver com isso? Será que Padre Alberto não gostou do fato de ela ter atraído os rapazes da missa paroquial para a casa de repouso? Quase todos tinham sumido, desaparecido no nada.

Depois de dois anos trabalhando em um ritmo acima do normal, Valéria se surpreende, numa manhã, sonhando com o lugar onde poderia passar as férias, justo ela que havia passado os dois últimos verões em casa, para não abandonar "as suas vovozinhas"! Algumas tinham morrido durante o ano e havia sido difícil porque, quando o estado delas se agravava, não se poupava em nada para estimulá-las a reagir, dar o maior descanso possível, assisti-las à noite a pedido dos parentes, os quais, depois, não faziam nem um gesto de reconhecimento! E essa história se repetie com frequência. Valéria começa a ter a vaga sensação de ter sido usada, mais que amada.

Agora ela se pergunta para quê serve toda a sua preparação como enfermeira, quando parece justamente que ninguém se importa com seus conselhos, com as normas de higiene sobre as quais deve sempre insistir, com as técnicas de deslocamento dos doentes... E o sonho de tirar férias se torna cada vez mais frequente.

Percebe que não é mais a mesma quando também Rosa começa a ficar na cama, a não querer mais caminhar e come sempre menos. Certa vez chega quase a esganá-la, para fazê-la comer. "Mas o que me faz andar atrás de velhas esclerosadas que não têm na cabeça outra coisa a não ser a vontade de morrer?", suspira aborrecida.

Na tarde em que Rosa parece estar próxima do fim, o filho pergunta se Valéria está disposta a ficar com ela durante a noite. Ela se sente psicologicamente obrigada a dizer que sim: "Está bem, está bem!". Essa resposta imediata deixa bem clara sua irritação, e Valéria se dá conta da expressão atônita dele.

Por causa desse episódio desagradável, sente-se culpada, até pior que as colegas que tanto tinha censurado. E na realidade é assim. Já há algum tempo, o seu modo de tratar as pacientes, das quais não se preocupava nem mesmo em lembrar o nome, era mais impessoal, às vezes agressivo. E isso acontecia, sobretudo com aquelas que mais se queixavam. Até Padre Maurício a tirou do sério. Certa vez lhe disse: "Escute, cuide o senhor dos seus problemas, que de coisa velha já estou por aqui!".

Sentia um cansaço constante e aumentava o tempo que passava na cozinha tomando café e fazendo palavras cruzadas. Com dificuldade, segurava um palavrão cada vez que soava uma campainha. Ficou espantada consigo mesma quando, por causa de uma simples febre, fez com que o médico lhe desse uma semana de licença.

"É, verdade, Padre Alberto", certo dia desabafou Valéria desconsolada, "penso realmente que fui iludida quando acreditei que era boa e altruísta. O senhor tinha razão: 'Madre Teresa só existe uma!'."

O fogo se apaga

Não há, porém, somente uma Valéria.

Nos últimos anos, os estudiosos chamam a atenção para um novo tipo de *estresse profissional*, um "esgotamento emocional e profissional" encontrado de modo especial nas chamadas *profissões de ajuda*. Nisso estão envolvidos, portanto, e de modo especial, aqueles que trabalham no setor social, da saúde e da educação, que operam num terreno "psicologicamente de risco": sofrem, conscientes ou não, e as consequências muitas vezes são visíveis. Alguns autores falam do *burnout* como da "síndrome do bom samaritano desiludido".[1]

Após trabalharem por certo tempo, muitos profissionais apresentam sinais de depressão, perdem a confiança na própria capacidade, tornam-se passivos, refugiam-se na rotina, acabam renunciando à responsabilidade.

---

[1] ROSSATI, A.; MAGRO, G. *Stress e burnout*. Roma: Carocci, 1999. p. 43.

Dessa forma, desinteressam-se pelo trabalho e levantam rígidas barreiras defensivas, ficando comprometidos o próprio sentido de identidade profissional e a autoestima.

O relacionamento com o doente, com a pessoa com deficiência, com o rapaz "difícil" ou psicologicamente fraco torna-se frio. Motivações e ideais iniciais vão ficando cada vez mais distantes. Aumentam os conflitos com os colegas. Na família as tensões crescem. Não faltam verdadeiros distúrbios psicossomáticos. Alguns autores fornecem elencos diversos, mais ou menos longos, porém semelhantes.

A essa particular mistura de sintomas físicos, de experiências psíquicas e de reações comportamentais foi dado o nome de síndrome de *burnout*, uma palavra inglesa (ou melhor, americana) que pode ser traduzida como "combustão completa": uma condição particular de desgaste psicológico, de esgotamento emocional e profissional, presente naqueles que exercem uma profissão de ajuda, em que os relacionamentos interpessoais são frequentes e emocionalmente intensos. O *burnout* evoca "a imagem da última oscilação de uma chama, de uma casca vazia, de galhos que estão morrendo e cinzas frias e sem cor".[2]

O profissional acometido por esse fenômeno é caracterizado por uma perda progressiva de idealismo e de energia, provocada por um trabalho, uma causa ou um tipo de relação que não oferece a recompensa e a satisfação que se esperava. É definido por "esgotado", "exausto", "arrebentado", "em *tilt*", "em curto-circuito", "consumido", "acabado" ou simplesmente "em *burnout*".

O *burnout* é um tipo de esgotamento que pode envolver toda a pessoa em modos e graus diversos: físico, emocional, intelectual, social e espiritual: aquilo que se faz (e a própria vida) perde aos poucos o significado e a direção. Aquilo que antes tinha valor é questionado ou tratado com frieza, senão com cinismo. O ideal pelo qual alguém trabalhava (e a visão

---

[2] MASLACH, C. *La sindrome del burnout*. Il prezzo dell'aiuto agli altri. Assisi: Cittadella, 1992. p. 19. [Orig. em inglês, 1982.] Cf. este texto também para aquilo que segue.

do mundo que dava sentido à sua vida) é muitas vezes alterado ou entra em forte crise.

Os custos do *burnout* são muito elevados não somente para o *interessado*, que apresenta um desempenho profissional decadente (além do sofrimento que traz dentro de si e do qual se defende), mas também para o *doente*, a quem é oferecido um serviço cada vez menos adequado e um tratamento pouco humano. A insatisfação do doente tem ainda efeitos sobre sua resposta aos cuidados e não faz outra coisa senão agravar a insatisfação daquele que cuida, num círculo vicioso sem fim. É atingida a *estrutura* em que se trabalha com desempenho cada vez mais fraco, ausências cada vez mais frequentes, rotatividades contínuas ou verdadeiros abandonos. Também a *família* (ou a comunidade) é atingida e sofre aumento de tensão e de conflitos. Se existem conflitos na família, a tensão no trabalho tende a aumentar.

É uma situação por muitos aspectos "contagiosa". E o contágio está por todo lado.

Deixam-se enganar interiormente aqueles que no trabalho se lançam com mais entusiasmo, poderíamos dizer "os melhores". O fato é que por muito tempo ficam expostos a situações nas quais há um *forte desequilíbrio entre exigências e recursos*, entre ideal e realidade, entre aquilo que é exigido pela profissão e o modo como o trabalho está realmente organizado, entre aquilo que os doentes (e seus familiares) pedem e as reais possibilidades de responder às suas necessidades.

Em pouco tempo, o indivíduo se sente dominado pelo estresse.

São várias as profissões com risco de *burnout*. Corre risco o médico que trabalha continuamente com pacientes perturbados, enraivecidos e apavorados pela doença ou por suas implicações. Corre risco o enfermeiro que é o profissional da saúde em contato mais íntimo com o doente e que está envolvido em situações emocionalmente fortes. Corre risco o assistente espiritual que deve ser ponto de refúgio e fonte de apoio para qualquer um em qualquer momento que lhe é pedida ajuda e lhe são feitas perguntas difíceis sobre o sentido da dor e sobre a bondade de Deus. Correm risco o psicólogo, o fisioterapeuta, o assistente social. Correm risco o voluntário e também o familiar do doente, apesar de seu tipo de *burnout* ter características próprias.

Corre risco de *burnout* quem está em contato constante com muitas pessoas; quem, dia após dia, deve ajudar pessoas angustiadas, que sofrem pelos mais variados problemas e esperam encontrar sempre alguém disponível, interessado e solidário. A tensão emocional desse *cuidar continuamente dos outros* é muito elevada. Sentimo-nos aos poucos esmagados pelas desgraças e pelos problemas nos quais estamos cada vez mais envolvidos, enquanto o apoio entre colegas é muito pouco e os administradores ou os superiores parecem ser cada vez mais exigentes e "percebidos" como distantes.

A *sobrecarga emocional* aumenta: muito é pedido e pouco é dado em contrapartida. Sentimo-nos numa armadilha. Aumentam os sentimentos de culpa e de fracasso. A chama interior que dava energia a um "cuidado atento e solícito" se apaga lentamente. O relacionamento com o outro se torna cada vez menos significativo e participado. Torna-se até impessoal.

Há quem fale também de um *burnout* da pessoa doente, mas nem todos estão de acordo em definir desse modo o cansaço e a desilusão presentes, especialmente nos doentes crônicos, que por longo tempo (às vezes por toda a vida) devem submeter-se a uma série de restrições e terapias.

Algumas etapas-chave

O *burnout* não surge de um dia para o outro: é um caminho com etapas, um processo com fases.[3]

1. *Entusiasmo idealista*. No começo, o indivíduo se lança no trabalho com o entusiasmo típico do recém-chegado que se sente chamado a salvar o mundo. As forças estão ainda no máximo. É a situação típica do jovem e do namorado em plena lua-de-mel. As esperanças são grandes e as expectativas muito elevadas. Grandes expectativas motivam a em-

---

[3] Cf. EDELWICH, J.; BRODSKY, A. *Burnout*: Stages of Disillusionment in the Helping Professions. New York: Human Sciences Press, 1980.

preender uma profissão de ajuda, e muitas vezes são acima do normal. O ideal é exigente. Os relacionamentos com os outros são marcados pela mais calorosa colaboração e não há preocupação com horários. Vive-se um forte sentido de pertença ao grupo no qual se trabalha. As dificuldades não causam medo, nem mesmo a desconfiança e a hostilidade dos colegas mais velhos e mais experientes. Surpreendem-nos os modos de agir, um pouco frios e distantes dos colegas. Pequena é a capacidade de avaliar a realidade se a considerarmos distinta do sonho e se separarmos as ilusões das possibilidades reais.

A hiperidentificação com quem deve ser ajudado e com seus problemas, um sentir-se quase uma coisa só com ele, é o que leva facilmente do entusiasmo ao *burnout*, provocando muitos prejuízos a ambos os parceiros da relação: confundem-se os próprios sentimentos com os do paciente, as necessidades dos outros com "a própria necessidade de que os outros tenham necessidade", a vida de trabalho com a vida pessoal e social, o envolvimento profissional com o particular. Os limites não são claros. Ou talvez não se sabe estar "elasticamente" nos limites. E a própria ilusão esvanece diante das "não confirmações" por parte da realidade.

2. *Estagnação*. Depois de algum tempo, aparecem os primeiros sinais de cansaço, a eficácia desaparece, o indivíduo parece rodar no vazio e se encontra sempre no ponto de partida. É o momento de acordar do sonho. Há necessidade de resultados para reforçar a própria autoestima, mas nas profissões de ajuda os resultados não são sempre mensuráveis. O entusiasmo inicial é como a água descendo alegremente vale abaixo, superando em velocidade qualquer obstáculo; porém, com o passar do tempo vai encontrando dificuldades. É a segunda etapa, marcada pela estagnação. Aos grandes investimentos não se seguem os resultados esperados. A profissão, que antes parecia corresponder às expectativas, não mais oferece satisfações.

O sujeito começa a lamentar-se de um cansaço em excesso. Percebem-se os primeiros sinais de irritabilidade com aqueles que se quer ajudar e para com os colegas e de mal-estar no próprio trabalho, que antes era "a sua vida", mas agora não é mais tão fascinante. E não é fácil pedir apoio àqueles (família e amigos) que naquele ínterim foram colocados de lado ou até esquecidos.

3. *Frustração*. Surge um sentimento de frustração, que marca a terceira etapa. A realidade não é gratificante como se esperava, e o ideal, que parecia ao alcance da mão, se distancia cada vez mais e se torna utopia (não está em nenhuma parte). Os obstáculos tornam-se insuperáveis. O indivíduo se sente bloqueado, não vai mais adiante naquilo que começa. O abismo entre ideal e realidade é cada vez maior e "inatingível", e a pessoa se decepciona cada vez mais.

À frustração e à desilusão acrescenta-se a sensação de fracasso, e a autoestima decai. Da dúvida sobre as próprias capacidades se passa à incerteza do próprio significado do trabalho que se está fazendo e seu valor; dos sentimentos de culpa para uma vida de vergonha por não estar à altura da tarefa. Um caruncho começa a roer o sentido da própria identidade. Fazem-se comparações entre aquele que está no alto e aquele que está embaixo, e nos achamos perdedores. E isto tem um efeito destrutivo sobre a própria autoestima. O "quem sou eu?" recebe somente as respostas do eco. E os *feedbacks* não chegam ou são negativos. Tem-se a sensação de não ajudar ninguém e de não servir para nada.

Aparecem sintomas de ansiedade, de apreensão em relação ao futuro; às vezes surgem distúrbios psicossomáticos de vários tipos, enquanto progridem um sentimento de impotência, a sensação de não ter o poder de mudar as coisas e a tendência de não tomar iniciativas, de "voltar atrás", de evitar um relacionamento significativo com quantos pedem ajuda e estão empenhados no mesmo trabalho. Tem-se a sensação de ter perdido o controle da situação e não haver ninguém ali para nos dar uma mão.

Percebemos de repente que a formação não foi adequada, que a estrutura na qual se trabalha está longe dos princípios apregoados e não responde às necessidades dos clientes, que não há valorização por parte dos chefes, nem por aqueles que estão sendo ajudados, nem pela sociedade, e que há muitos papéis a preencher. A desmoralização (e os sentimentos que a acompanham) atinge aqueles que não se sentem mais adequadamente ajudados, abatendo ainda mais o profissional. "Tenho contínuas dores de cabeça, fumo um monte de cigarros e sou impaciente com meus filhos." São estas, em síntese, as três áreas nas quais a frustração se manifesta: doenças psicossomáticas, exageros na alimentação e no uso de drogas de vários tipos (nicotina, cafeína, álcool etc.), prejuízos nas relações familiares e sociais.

É esta a fase central do processo, o momento mais delicado de uma crise. Abre-se uma espécie de bifurcação: de um lado, vai-se para a superação da situação, por meio de uma reconciliação entre aspirações e realidade, uma mudança e verdadeira maturação que podem abrir novos caminhos e criar novas possibilidades; de outro, vai-se para o distanciamento ou o desinteresse.

4. *Apatia*. Se a crise não for criativamente superada, cai-se na apatia, na frieza emocional e na impersonalidade relacional: é a quarta etapa, o *burnout* propriamente dito. É o fracasso de uma boa empatia: a fuga de uma simpatia que se perdeu. O fogo do entusiasmo já está apagado e sobram as cinzas. Os relacionamentos se tornam impessoais, frios, todos iguais. Os outros nos dão somente tédio. É o momento do distanciamento emocional e relacional com as pessoas e a própria atividade: "Mas o que me leva a fazer isso?". O trabalho não dá satisfação, torna-se pesado e sem sentido. Tem-se a sensação de estar em uma armadilha, de sofrer e não poder fugir.

Por isso, procura-se fazer o menos possível. Cuida-se da sobrevivência e só. Começa a resignação. Ou se aceita o fato de que "o trabalho é somente um trabalho", ou então se vai embora. O interesse fica centrado somente no final do mês. Tudo aquilo que pode ameaçar uma rotina tranquila e protetora é mantido cuidadosamente a distância. Crescem, no entanto, as fantasias de trocar de emprego ou pelo menos de departamento (a rotatividade, efeito do *burnout*, com a contínua mudança de pessoal que provoca, nem é tanto a causa para quem enfrenta "já estressado" novos ambientes de trabalho, como para quem se vê rodeado por colegas sempre novos e inexperientes). Nesse estágio, nada mais vai bem, nem trabalho, nem vida pessoal, e a saúde pode se tornar debilitada com o surgimento de possíveis distúrbios psicossomáticos.

O sentimento de impotência e o *desespero* por mudar as coisas se transformam em uma *profecia que se autorrealiza*, uma convicção de que "escolherá" as provas de que precisa para se autoalimentar. Mesmo inconscientemente, o interessado terá uma série de comportamentos (perdedores) que realizará as expectativas (a profecia) que tinha construído para si.

Procuram-se, portanto, compensações ou fugas de vários tipos: se não de outra forma, com a fantasia. Não resta outro caminho senão encontrar nichos para defender a própria sobrevivência. Para muitos profissionais, é o dinheiro que se torna o único interesse. Atividades, que antes eram *hobbies* se tornam mais importantes que o próprio trabalho e passam a ser o interesse principal.

Se a apatia do profissional contagia o grupo, também o contrário é verdadeiro. Há em certos setores um ar de luto, uma dor de perda não resolvida e contagiosa. Quem chega já está correndo o risco de *burnout*.

Estamos numa espécie de "morte profissional", na qual até os princípios morais, que tanto motivavam no começo, correm o risco de serem perdidos.

AS VARIÁVEIS EM JOGO

Como mãe e filho

Francisca é enfermeira profissional há dois anos e meio. Enquanto esperava por uma vaga no hospital da sua cidade, realizou diversos trabalhos, sobretudo como babá e cuidadora de pessoas idosas.

Após dois anos de trabalho na cirurgia, exercido de maneira excelente, foi transferida pela direção para o setor de onco-hematologia pediátrica por ser considerada especialmente apta a essa função, graças a sua formação intelectual e profissional, bem como por suas qualidades humanas. Francisca recebe essa transferência como prêmio e reconhecimento das próprias qualidades e a vive de modo satisfatório, porque assim estará em contato com crianças, pelas quais tem especial afeição, e nas horas de trabalho poderá se sentir de alguma forma próxima aos seus filhos, de quatro e seis anos.

Integra-se bem no setor e tem bom relacionamento com os colegas, que a estimam por sua boa vontade e energia; ela, porém, os considera passivos porque não os vê envolvidos emocionalmente com os pequenos pacientes e seus familiares. O trabalho realizado no setor é frenético, as coisas que precisam ser feitas são realmente muitas: da administração das terapias ao acompanhamento das visitas dos médicos, dos remédios às refeições.

Francisca procura estabelecer uma relação de cordialidade e amizade com os pequenos pacientes, mesmo que a grande quantidade de trabalho não lhe permita desenvolver os relacionamentos como gostaria. Por outro lado, sente-se muito envolvida pelos problemas das crianças, que a procuram mesmo fora do horário de trabalho, atuando, então, como ligação entre os familiares e os médicos do setor.

É o turno da noite. O pronto-socorro pede que o setor prepare um leito porque André está novamente mal. Francisca lê no rosto da enfermeira mais velha um ar de preocupação e lhe pergunta o motivo e quem é André. A funcionária explica que o menino, filho de pais separados, tem leucemia e está fazendo tratamento quimioterápico, e sua volta para o hospital foi antecipada em relação aos programas terapêuticos. André tem quatro anos, como Marcos, filho menor de Francisca, e ela o recebe atenciosa, segurando-lhe as mãozinhas. O menino, com hemorragia, é logo atendido pelo médico de plantão, enquanto a enfermeira permanece a seu lado falando continuamente e procurando aliviar sua dor.

Entre André e Francisca estabelece-se um relacionamento semelhante ao que existe entre mãe e filho, com uma particular dependência do menino para com a enfermeira, tanto que não aceita remédios se não em sua presença. Certamente Francisca continua a rotina de trabalho no setor com o mesmo empenho e procurando dispensar o mesmo afeto aos outros pacientes. Percebe, porém, que muitas vezes não consegue ter tempo para todos, porque está excessivamente envolvida no relacionamento com André. Essa situação a faz sentir-se culpada, a torna nervosa e às vezes até agressiva com os colegas.

É o turno da tarde. Francisca é muito pontual, como sempre, mas está com os nervos à flor da pele porque deixou em casa os filhos gripados e o marido irritado por ser obrigado a arrumar a cozinha. Corre ao leito de André e o encontra ocupado por outro menino e intui que ele havia falecido. É tomada por uma sensação de vertigem e não sabe o que fazer, não tem coragem de perguntar se é verdade e como aconteceu.

Nos dias seguintes, Francisca está cada vez mais taciturna, tanto em casa como no ambiente de trabalho. O trabalho lhe pesa de maneira excessiva, se dá conta das muitas coisas que precisam ser feitas. Começa a se lamentar que o trabalho não rende, está cada vez mais em desacordo com os colegas e decide tirar um mês de licença.

No período vivido em família, descobre que é bonito lavar pratos, ouvir os gritos dos filhos, fazer as coisas mais simples e cotidianas com serenidade e, sobretudo, sem correria. Repensa seu trabalho e em como a experiência de André lhe serviu para compreender a si mesma, suas emoções, sua família, seus colegas e o trabalho.

Pessoa e contexto

Os fatores que entram em jogo no aparecimento do *burnout* são certamente muitos. Muito frequentemente, tanto o interessado como as pessoas que lhe estão ao redor interpretam essa experiência, esse especial esvaziamento emocional e profissional, como o reflexo de alguma coisa que deriva somente de si mesmo, de certo tipo de personalidade. O comportamento do indivíduo é lido, então, somente como consequência de fatores pessoais, e não "condicionado" também, de modo mais ou menos importante, por certo tipo de situação e de ambiente. Por isso, o interessado acredita que o problema seja somente seu e tende a se culpar ou, por meio de dinâmicas inconscientes sutis, libertar-se do sentimento de culpa responsabilizando o paciente ou descarregando tudo em comportamentos mais ou menos agressivos. Quase sempre, com sua atitude, os responsáveis pelo serviço não fazem senão agravar esse tipo de *atribuição pessoal de culpa*.

Ninguém nega a importância dos fatores pessoais. Nessa história, a sua influência é evidente. Os indivíduos reagem de maneira diversa às várias situações mais ou menos estressantes da vida. As características pessoais são certamente importantes nas profissões de ajuda, tanto para o bem como para o mal. A *personalidade do profissional* é formada por características mentais, história afetiva, estilo interpessoal, capacidade de controle das emoções, ideia que tem de si e do trabalho e modo de interpretar e avaliar as coisas. Esses fatores certamente influenciam suas reações emocionais e comportamentais e sua capacidade de administrar o estresse, e têm uma relevância particular no surgimento do *burnout*.

Quem tem dificuldade para "definir os limites no âmbito da relação de ajuda", quem confunde o envolvimento pessoal e o profissional, que tende a se atirar no trabalho e se implicar nas relações sem realizar uma leitura adequada da realidade, sem calcular os riscos e sem fazer um inventário dos recursos de que pode dispor é certamente um sujeito em situação de risco. Corre o mesmo risco quem é fraco e dependente nos relacionamentos com os outros, não conhece bem seus pontos fortes e os fracos, tem baixa autoestima, focaliza sua atenção em coisas sem importância e procura satisfazer *somente* no trabalho a necessidade de realização, aceitação e aprovação. É particularmente vulnerável também aquele que precisa controlar tudo e todos, recusando-se a partilhar e delegar.

A personalidade é certamente um fator importante para compreender o comportamento dos indivíduos. Mas é também importante compreender o *contexto* ambiental e relacional em que essas pessoas se encontram. Para entender os comportamentos ligados ao *burnout*, é preciso compreender os fatores individuais, além de focalizar a atenção na *situação*: nos *acontecimentos* que o indivíduo está vivendo e no *ambiente* em que está inserido.

Maslach escreve a propósito:

> Embora a personalidade tenha certo papel no *burnout*, a totalidade dos dados analisados concorda com a perspectiva de que este pode compreender (e modificar) melhor quando posto em termos de fontes situacionais de estresse ligado ao trabalho e de relacionamentos interpessoais. O fenômeno está tão espalhado, as pessoas atingidas são tantas, as personalidades e ambientações tão variadas, que não tem sentido identificar nos "maus" a causa daquilo que é claramente um resultado indesejável. Deveríamos, em vez disso, procurar identificar e analisar os componentes críticos das "situações más" nas quais muitas pessoas boas agem. É como analisar a personalidade dos pepinos para descobrir porque se tornaram conserva, sem porém analisar o barril de vinagre no qual foram mergulhados.[1]

A situação de trabalho com risco de *burnout* é marcada não só pela "sobrecarga" física, mas também emocional. A percepção de um *descompasso entre exigências e recursos* marca a experiência de quem está constantemente pronto para ajudar, de quem deve sempre dar, de quem está em

---

[1] MASLASH, C. *La sindrome del burnout*. Il prezzo dell'aiuto agli altri. Assisi: Cittadella, 1992. pp. 34-35. [Orig. em inglês, 1982.] Cf. este texto também para as reflexões seguintes.

contato com muitas pessoas e tem pouco tempo para satisfazer, como gostaria, as próprias necessidades ou exigências.

O *burnout* é elevado quando o indivíduo tem a sensação de não ter o controle da situação: outros tomam as decisões, mas é o interessado quem deve colocar em prática e fazer o trabalho mais pesado.

Nas situações de saúde, porém, não são somente os outros que "roubam" o seu controle. É a própria situação que, muito frequentemente, foge desse controle. É a doença, é a dor, é a morte que não se deixam dominar. E quando o indivíduo sente que perde constantemente o domínio da situação, sente-se incompetente e impotente, e isso provoca frustração, raiva e, a longo prazo, um forte sentimento de fracasso. Sente-se ao mesmo tempo numa armadilha, impossibilitado de sair, a menos que troque de trabalho. As características específicas dos usuários com quem se trabalha e das suas necessidades particulares são certamente importantes.

O contato contínuo com a dor provoca a seu redor uma dor difícil de administrar. Nas dificuldades, não somente os superiores mas também os colegas são percebidos como muito distantes e incapazes de compreender, e sobre eles se descarregam todas as culpas.

Há, além disso, motivos de mal-estar e de sofrimento ligados à *organização do trabalho*, aos conflitos entre papel profissional e atitudes pessoais, à contradição entre os vários pedidos de serviço, à dificuldade de harmonizar as expectativas que os diversos personagens, que vivem no contexto da saúde, têm sobre o mesmo trabalho e às ambiguidades na definição dos deveres profissionais. Às vezes, faltam os *feedbacks* em relação aos resultados obtidos no trabalho, ou são com muita frequência negativos, com consequências desanimadoras, mesmo em relação à crescente sensação de não dispor de qualquer autonomia profissional.[2]

Entre as variáveis ambientais e organizativas responsáveis pelo desenvolvimento do *burnout* podem-se acrescentar: falta de apoio dos colegas; conflitos entre eles e com os superiores; autoritarismo na admi-

---

[2] Cf. CHERNISS, C. *La sindrome del burnout*. Lo stress lavorativo degli operatori dei servizi sociosanitari. Torino: Centro Scientifico Torinese, 1983. [Orig. em inglês, 1980.]

nistração do grupo por parte dos chefes e impossibilidade de discutir e influenciar as políticas da organização; a consequente falta de autonomia e de poder de decisão; pouco reconhecimento social pela profissão, a não equânime remuneração econômica e as incertas ou inexistentes possibilidades de crescimento na carreira; falta de supervisão; clima tenso de trabalho; irritantes procedimentos burocráticos; trabalho monótono e sem perspectivas de mudança.[3]

Há uma tensão, que deriva de uma "lealdade dupla", que pode causar forte estresse na situação de trabalho. Lúcio Pinkus escreve:

> Partindo da hipótese psicanalítica de que em todo lugar onde há um sinal de inadaptação há também um conflito subjacente, penso que o conjunto dos fatores psicossociais unidos ao sentimento de insatisfação, à carência de gratificações, à quantidade de energia psíquica empregada nas estratégias defensivas que o modo atual de trabalhar na assistência exige, determine no nível inconsciente um conflito que poderíamos definir o problema da "lealdade dupla"... sendo uma com a organização de saúde, à qual o profissional pertence e da qual de alguma forma (mesmo contra sua vontade) é um representante diante dos usuários; a outra, com os valores e as motivações que estiveram na base da opção de trabalhar no setor da saúde, e, contextualmente, com os valores e as necessidades dos assistidos. Do ponto de vista teórico, se a organização é coerente consigo mesma, o profissional da saúde deveria poder conservar a lealdade, de modo suficientemente harmônico, com as duas partes. Quando isso não acontece – e devemos reconhecer que é um caso frequente – se estabelece um conflito profundo e doloroso. O profissional é obrigado, com o tempo, a optar por cultivar a lealdade com a instituição em detrimento da lealdade com o assistido ou vice-versa. Em todo caso, qualquer opção comporta uma cisão da própria identidade e, portanto, uma situação de crise, que depois desemboca no *burnout*.[4]

---

[3] Cf. DI MARIA, F.; DI NUOVO, S.; LAVANCO, G. *Stress e burnout*: una prospettiva psicologica di comunità. In: Id. *Stress e aggressività*. Studi sul burnout in Sicilia. Milano: Angeli, 2001.

[4] PINKUS, L. Il disagio psicologico degli operatori sanitari. In: *Insieme per servire*, 3 (1990), pp. 85-86.

Em tempos de "recessão econômica" e de cortes de recursos e demissões, esses problemas se tornam mais agudos e particularmente enervantes. Entre os motivos que criam tensão, conflitos de consciência e problemas interpessoais em quem trabalha no âmbito sociossanitário, há de fato as decisões importantes que precisam constantemente ser tomadas e que têm consequências não somente éticas, mas também jurídicas e de forte impacto familiar e social.

Uma relação que esgota

Para compreender a fundo o problema do *burnout*, e de modo especial porque se verifica a passagem de uma atitude positiva e calorosa com os doentes para um estilo relacional marcado pelo distanciamento e pela indiferença, é importante, sobretudo, focalizar a atenção sobre a situação relacional como tal, sobre o *tipo de envolvimento* que o profissional de saúde é chamado a estabelecer com o doente e compreender a natureza dessa ligação. É esse o núcleo do problema.

As dinâmicas psicológicas implicadas no tipo de "interação envolvente", de "envolvimento estável e profundo", presentes nas relações de ajuda, constituem a parte mais importante no desenvolvimento do *burnout*. Lidar com pessoas doentes e sofredoras, traumatizadas ou psiquicamente frágeis, implica grande emprego de energia pessoal. Não é fácil permanecer calmo em meio a uma crise, ser paciente diante de uma frustração ou de um insucesso, continuar "cognitivamente lúcido" e empático quando crescem o medo, a dor, a raiva ou a vergonha e é preciso tomar decisões terapêuticas importantes. É assim *sempre*, porque é isso que os doentes e os que precisam de ajuda (e seus familiares) esperam de quem escolheu ser médico, enfermeiro, psicólogo ou assistente social.

Mas o que causa mais ansiedade é que o outro, com a sua presença, muitas vezes recorda realidades desagradáveis como a dor, a fragilidade, a perda de controle, o limite e a morte, e nos remete, como num espelho, à imagem daquilo que também nós podemos nos tornar a qualquer momento. O contato torna-se particularmente estressante quando a relação se torna íntima e envolvente, quando se criam identificações e envolvimentos, e as defesas entram em crise e tendem a sobressair.

Uma das motivações inconscientes que deve ser trabalhada com pessoas que morrem é a de exorcizar a morte, de vencê-la ou mantê-la sob controle, e é pelo exercício da própria profissão que se pode continuar a acreditar (ou a se iludir) que essa passagem acontece somente com os outros. Quando a defesa desmorona, porque a situação de trabalho é muito próxima e as emoções se "confundem", pode haver o risco real de que alguém não seja mais capaz de exercer seu papel profissional e de continuar a trabalhar.

Um exemplo disso é aquilo que um pastor evangélico, capelão de hospital, viveu em um dia de trabalho. É ele quem conta:

> Fui chamado, na qualidade de capelão, à unidade de terapia intensiva do hospital para ver os pais de um rapaz moribundo. John, de 13 anos, tinha sido atropelado por um caminhão quando ia para a escola. A senhora Brown, sua mãe, me explicou que ele estava atrasado para a escola e que havia gritado: 'Você está atrasado! Pule logo da cama ou então...!'. John finalmente correu escada abaixo, se vestindo enquanto abria a porta de casa. Disse que estava muito atrasado para tomar o café da manhã, correu para a rua, e, na esquina, cruzou na frente de um caminhão. Fora diagnosticada uma provável morte cerebral e estavam esperando os últimos exames.
>
> Enquanto a senhora Brown falava, tornei-me cada vez mais perturbado e incapaz de escutá-la. Queria somente que ficasse quieta e ir embora. Estava cada vez mais difícil para mim ficar naquele quarto, cumprindo o meu papel. Percebi que devia sair e me equilibrar; finalmente, pedi desculpas e deixei a sala de espera. Fora, uma antiga enfermeira, Renée, perguntou-me se não estava bem. Disse-lhe que estava muito angustiado por David. "Que David?", perguntou. "O David que está na unidade de terapia intensiva, com morte cerebral", respondi. "Mas não temos nenhum David", disse ela. "Somente um John. Venha ver". Levou-me ao quarto onde estava John. Descobri, então, que não era David, meu filho.
>
> Naquele momento lembrei que de manhã, enquanto saía de casa para ir para o trabalho, tinha ouvido minha mulher gritando com nosso filho: "Você está atrasado! Pule da cama, imediatamente!". Quando a senhora Brown pronunciou quase as mesmas palavras, ao contar-me sua história, tinha se transfor-

mado momentaneamente em minha mulher e me dizia que nosso filho estava morto. Na sala de espera da unidade de terapia intensiva, me identifiquei com a situação a tal ponto que não era mais o capelão, mas tinha me transformado em um pai abatido. Quando compreendi o que estava acontecendo, retornei à sala de espera. Desculpei-me por ter saído e a senhora Brown abraçou-me e disse: "Não se preocupe, pastor, percebi que estava transtornado". Pudemos, então, trabalhar juntos sobre como ela e seu marido deviam enfrentar a morte iminente do filho.[5]

Por uma hiperidentificação, o sentimento de realidade e a identidade profissional do capelão tinham-se despedaçado por um momento. Depois de uma experiência como essa, há a tentativa de se defender para que o mesmo não aconteça novamente e estar seguro de não ser tocado outra vez por acontecimentos semelhantes. Mas nos casos terminais, por exemplo, a identificação será sempre possível: haverá sempre pacientes semelhantes a nós ou a alguém importante para nós, o que provocará ansiedade. Estamos repetidamente em contato com perdas passadas e envolvidos na certeza de outras futuras. E toda vez entramos em confronto com a realidade de que o nosso trabalho não nos dá qualquer proteção contra a morte.

O trabalho no âmbito da saúde é um "trabalho de risco". No relacionamento com o doente, as emoções muitas vezes extravasam e comprometem as nossas defesas mais sofisticadas, porque estão implicados a intimidade física, a dramaticidade dos sentimentos por situações trágicas, o contato com o sofrimento, a decadência física ou intelectual e a morte. O doente vive emoções fortes como o medo, a ansiedade, a angústia, a raiva, a saudade, a tristeza, a depressão, a agressividade, a culpa. E, num relacionamento muito íntimo, como é o do assistente e o do terapeuta, essas emoções tendem a passar por toda possível comunicação e se tornarem contagiosas. Aquele que cuida, quase sem perceber, se encontra

---

[5] SPECK, P. Working with Dying People. On Being Good Enough. In: OBHOLZER, A.; ROBERTS, V. Z. (Orgs.). *The Unconscious at Work*. Individual and Organizational Stress in the Human Services. London and New York: Routledge, 1994. pp. 95-96.

envolvido com as emoções do outro. E isso cria mal-estar, frustração e dor ou uma série de defesas.

É difícil, em situações críticas, manter o relacionamento nos trilhos da empatia, isto é, sentir a confusão do outro, ou sua timidez, ou a ira, ou o sentimento de ser tratado injustamente *como se* fossem próprios, sem que, no entanto, o próprio medo ou ressentimentos se confundam com os seus. Na presença de emoções fortes, a *distância emocional* (aquilo que alguns autores chamam *interesse distante*) tende muitas vezes a se sobressair. O contato com a dor física e a mental, o sofrimento causado por uma gravidez interrompida, a visão de um ancião abatido, as lágrimas da criança doente e de seus pais, o doente que continuamente volta, o toxicômano que tem recaída, as doenças que perduram no tempo, as longas esperas por um transplante, o contato com a morte real ou anunciada, são situações que "exaurem" e, dia após dia, deixam sua marca.

O profissional da saúde se encontra exposto a uma série de situações emocionais e problemas psicológicos difíceis, para os quais geralmente não tem uma formação que lhe permita analisá-los e administrá-los, nem um referencial de conselho, de apoio para o qual se dirigir, onde eventualmente conseguir uma ajuda prática.

Uma forma de defesa

Christina Maslach, que esteve entre os primeiros psicólogos a enfrentar, de modo sistemático e profundo, o estudo do *burnout* como tipo de estresse que nasce da interação social entre quem oferece e quem recebe ajuda (e do envolvimento que faz parte integrante dessa relação), descreve-o como uma síndrome na qual há um esgotamento emocional, um tipo de relacionamento que despersonaliza e que leva a não sentir-se realizado (se não até falido) no próprio trabalho. São estas as características desse fenômeno, mas representam muitas vezes as "etapas" de um processo psicodinâmico:

1. *O esgotamento emocional.* A sobrecarga emocional é o coração da síndrome de *burnout*, bem como seu ponto de partida. É uma espécie de

esvaziamento dos recursos emocionais e pessoais e a consequente sensação de que não se tem mais nada a oferecer aos outros em nível psicológico. É o resultado de um envolvimento incontrolado e de uma tensão emocional não mais sustentável. O indivíduo se sente esmagado e consumido; seus recursos emocionais estão esgotados e ele não tem onde se reabastecer. O contato contínuo, crônico, com emoções que o exaurem, e a tensão que deriva do dever de sempre controlar as próprias palavras e emoções acabam por afetá-lo. Não consegue mais doar-se aos outros pelo simples motivo, mais ou menos consciente, de não ter mais nada para dar. Sente-se emotivamente vazio.

2. *A despersonalização*. Para se ver livre da sobrecarga emocional, não há outra saída senão afastar-se do envolvimento com os outros, "cortando" as relações e reduzindo o contato com os assistidos ao mínimo indispensável. Melhor despersonalizar o relacionamento, "enquadrar" os pacientes e assim responder a categorias mais que a pessoas. O número do leito ou o tipo de doença não tem emoções. Essa distinção favorece certa distância emocional entre si e as pessoas cujas necessidades e pedidos se caracterizam cada vez mais como invasores e insustentáveis. A despersonalização do relacionamento é uma forma de defesa, muito frequentemente fora do controle e da consciência do interessado.

A "des-humanização" presente nos ambientes de recuperação, como nos serviços sociais ou carcerários, não é um problema somente ético, mas uma matriz também (e sobretudo) psicológica.

Com o aumento da distância, cresce a indiferença pelas necessidades e sentimentos dos outros: um conjunto de atitudes negativas, de objetivação, de cinismo, até de hostilidade nos relacionamentos com quem deveria ser ajudado. Essa reação cada vez mais negativa para com as pessoas necessitadas se manifesta de vários modos: pode-se destratá-las, culpá-las se as coisas não dão certo, recusar-se a tratá-las com educação, ignorar seus pedidos ou não prestar a ajuda, o cuidado ou o atendimento apropriado. Aumentam os momentos em que se deseja que as pessoas "saiam de nossa vida". Em alguns casos, são literalmente "descartadas".

O fato de muitos médicos não informarem ao paciente o diagnóstico, para obter o consentimento de que necessitam para o tratamento, tem no *burnout* um elemento de explicação. Não comunicando, o médico nega ao paciente a consciência da existência de uma doença incurável e, "por meio do mecanismo da identificação, pode proteger-se simbolicamente da própria morte" e defender-se de emoções que não consegue mais administrar.[6]

Paradoxalmente, é a estrutura da relação de ajuda que favorece uma visão negativa: no âmbito social e de saúde, deve-se focalizar sempre os lados fracos, os problemas, os insucessos, as doenças; deve-se ter em primeiro plano aquilo que não está bem, e tudo isso configura, a longo prazo, uma imagem das pessoas cujos lados negativos predominam e invadem o espaço.

São raros ainda (ou até faltam) os *feedbacks* positivos para o trabalho que se faz, os sinais de uma boa conquista, especialmente quando se trabalha com certo tipo de pessoas em dificuldade. Aqueles que são curados ou encontram um equilíbrio próprio de vida, vão-se embora e não voltam. Retornam somente aqueles que recordam os limites da competência profissional ou os fracassos daqueles que cuidaram deles.

A despersonalização do doente por parte do profissional da saúde é também equivalente à despersonalização do profissional por parte do doente. Escreve Maslach:

> A nossa visão das pessoas é influenciada pelo próprio nível de resposta que nos dão. Se não são reativos, tendemos a desenvolver sentimentos negativos em relação a eles. As pessoas indiferentes à nossa presença, que não dão *feedback*, que não seguem nossos conselhos e sugestões, nos des-humanizam e assim é fácil, por nossa vez, des-humanizá-las e experimentar sentimentos negativos para com elas.[7]

---

[6] Sobre este tema, cf. CUTAJAR, R. La scelta di curare. In: *Psicologia contemporanea*, 91 (1998), de onde é extraída a citação; e SANTOSUOSSO, A. I conti con la realtà. In: SANTOSUOSSO, A. (Org.). *Il consenso informato*. Tra giustificazione per il medico e diritto del paziente. Milano: Cortina Rafaello, 1996.

[7] MASLACH, cit., p. 58.

Nunca se sublinha suficientemente o papel ativo desenvolvido pelas pessoas que querem ser ajudadas na melhoria da assistência e no cuidado.

3. Uma *realização pessoal reduzida*. O terceiro elemento constitutivo do *burnout* é um sentimento de não realização no trabalho, de inadequação aos deveres que teriam de ser desenvolvidos, o que põe em crise a própria identidade (que encontra apoios positivos na satisfação profissional) e provoca queda da autoestima e perda do desejo de sucesso. Quem se sente culpado porque não consegue ajudar os outros, não consegue satisfazer aquilo que era o ideal da própria vida e o motivo pelo qual se decidiu por esse trabalho; sente-se inapto para o trabalho que está fazendo e profissionalmente falido. "É doloroso dizê-lo, mas talvez não sirva para este tipo de trabalho, talvez tenha me enganado": é essa a dúvida que começa a ganhar terreno e aos poucos se torna convicção e crença que guiam os comportamentos posteriores. Da convicção de ter escolhido errado o trabalho ao sentimento de não valer grande coisa como pessoa, o passo é curto, assim como da culpa por alguma coisa errada que fez à vergonha de ser incompetente. Não somente a sensação de ter errado o caminho, mas também a de "ser errado" como pessoa.

Com o aniquilamento da autoestima, um forte sentimento de impotência toma espaço e pode levar à depressão. Alguns procuram terapia, acreditando que os problemas são somente de natureza pessoal; outros procuram um trabalho no qual não se tenha mais que lidar com pessoas, refugiam-se num *hobby*, no álcool ou no deus dinheiro: procuram alguma tábua de salvação; outros ainda se entregam somente a dar continuidade à vida e nada mais.

E muitas vezes falta, nesses momentos de forte sofrimento, uma supervisão adequada de apoio.

Embora haja pontos em comum com o *burnout*, o *mobbing* é outra coisa. Com o termo *mobbing* se entende, nas ciências sociais, uma forma de terrorismo psicológico em relação a um indivíduo que se torna "objeto de contínuas atividades vexatórias e persecutórias que ocorrem com frequência sistemática e em um período de tempo longo, causando-lhe consideráveis sofrimentos mentais, psicossomáticos e sociais". É, portanto, diferente do *burnout*, mesmo que ambas as condições de mal-estar estejam ligadas ao ambiente de trabalho com referências a características disfuncionais das organizações profissionais. Sua prevenção não pode senão basear-se numa cultura organizativa fundamentada no respeito às pessoas que trabalham.[8]

Categorias de risco

Os enfermeiros correm mais riscos pelo tipo de relacionamento envolvente que devem estabelecer com os doentes. Um entre quatro enfermeiros apresenta esgotamento emocional e profissional, isto é, *burnout*. É esse o resultado de uma pesquisa francesa feita com mais de mil enfermeiros. Os motivos do *burnout* podem ser atribuídos: à *situação de trabalho*, pelos conflitos com os colegas, incerteza relativa aos tratamentos (pelas informações insuficientes que recebem, por não saberem quais informações dar aos doentes, por estarem muitas vezes sozinhos nos momentos de urgência, e também pelo medo de cometer erros graves); às *disfunções da estrutura hospitalar*, pelo fato de a qualidade de vida do doente não ser levada a sério e em consideração, por uma experiência de afinco terapêutico e por não poder organizar o próprio trabalho; a um *sentimento de desvalorização da profissão* por parte da equipe médica, da sociedade, e à falta de reconhecimento por parte do doente; ao *confronto contínuo com a dor e com a morte*, e à repugnância de certos serviços.[9]

Os enfermeiros se encontram na condição de dever enfrentar a ameaça do sofrimento e da morte como poucos outros. Seu trabalho requer o cumprimento de deveres que, segundo o modo de pensar comum, são desagradáveis e repugnantes. O contato físico íntimo com os pacientes provoca fortes impulsos libidinosos e/ou agressivos (e de defesas desses

---

[8] Cf. SANTINELLO, M.; VIENO, A. Garantire, comunque, il sostegno. Le vitime del *mobbing*. Relazioni di lavoro che creano malessere. In: *Famiglia oggi*, 1 (2003), pp. 44-47. Os autores citam a definição de H. Leymann.

[9] RODARY, C. et al. Stress et épuisement profissionel. In: *Laennec*, 5 (1993), pp. 18-20. São muitas as outras pesquisas que poderiam ser citadas.

impulsos), muitas vezes difíceis de controlar. A situação de trabalho faz nascer sentimentos fortes, não raro contrastantes: piedade e compaixão, culpa e ansiedade, amor e ressentimento.

Frequentemente, os enfermeiros são obrigados a se ocupar também do estresse psicológicos do doente, dos familiares e dos próprios colegas. Devem aceitar que sentimentos como a depressão, a ansiedade, o medo e a agressividade do doente e dos familiares sejam projetados e descarregados sobre eles. Daí surgem comportamentos e atitudes defensivos, que tendem a objetivar, despersonalizar, "categorizar" o doente, impedindo que as experiências emocionais apareçam para "positivar" o relacionamento.[10]

O enfermeiro se encontra muitas vezes na encruzilhada de uma série de exigências e de expectativas conflitantes entre si.

Da síndrome de *burnout* não estão imunes nem mesmo os *médicos*. Sob o título *Costurados no jaleco*, um jornal trazia o relatório de um congresso sobre "*Burnout* e profissionais: cuidar de quem cuida" e citava uma pesquisa finlandesa: entre 2.671 médicos, os mais prejudicados foram os do trabalho, seguidos pelos médicos com atividades internas no hospital: oncologistas, pneumologistas, psiquiatras e dermatologistas.

Os que se ocuparam do *burnout* organizaram uma classificação diferente, encabeçada pelos *oncologistas* (sobretudo aqueles em contato com os doentes terminais) e pelos *anestesistas-reanimadores* (é grande o estresse da constante intervenção de urgência em pessoas que não sobrevivem apesar de todos os esforços). E um médico comenta:

> Acredito realmente que não seja simpático, para as pessoas que devem ser cuidadas (os doentes), descobrir que milhares de médicos preferem participar de congressos inúteis e chatos ou faltar ao trabalho por dois graus de febre que lhes fornecem o álibi para ficar em casa.[11]

---

[10] MENZIES, I. E. P. I sistemi sociali come difesa dall'ansia. Studio sul servizio infermieristico di un ospedale generale. In: VV.AA. *Malattia e ospedalizzazione*. Problemi psicologici. Milano: Vita e Pensiero, 1978. pp. 186ss.

[11] PUSTERLA, M. Fusi in camice. In *Corriere salute*, 4 de janeiro de 1993, p. 15.

Certamente o *médico* tem diversos modos de defesa. Pode defender-se por meio da racionalização, referindo aquilo que ocorre à resolução de um problema clínico, à hipótese de que os acontecimentos ou a autópsia poderão ou não confirmar. Sua formação o leva a tratar aquilo que ele chama de "caso clínico", deixando facilmente de lado todos os fenômenos emocionais e relacionais vividos no relacionamento a dois com o paciente.

Os médicos recorrem ao mecanismo da recusa, do fechar os olhos diante de realidades angustiantes e dolorosas, não somente em relação à morte, mas também à dor. Com a negação de muitos médicos, Elisabeth Kübler-Ross teve muito trabalho, especialmente no início do seu trabalho com os doentes moribundos.[12]

Dor e morte estão intimamente ligadas e se atraem reciprocamente na experiência do doente e na de quem cuida dele. O desejo de remover a dor está ligado à tentativa de esquecer a morte. A disposição para negar a morte não faz senão aumentar nossa incapacidade de compreender o doente e aliviar sua dor. É o sofrimento calado ou negado que se interpõe entre o profissional da saúde e o doente e, muitas vezes, altera, até de modo considerável, a qualidade dos intercâmbios relacionais. E tudo isso somente aumenta o risco de *burnout*.

Para os *terapeutas da reabilitação*, especialmente aqueles que trabalham com os pacientes crônicos, existem alguns fatores específicos a mais, particularmente com mais risco. Algumas patologias graves e evolutivas, de fato, põem em discussão o conceito de reabilitação. O terapeuta se encontra continuamente exposto a uma série de frustrações profissionais, de expectativas reabilitadoras não satisfeitas, que colocam em crise o seu papel de reabilitador, atrás do qual está a imagem (ou o sonho) de certa *onipotência reparadora*, de um "fazer tudo voltar a ser como antes", constantemente desmentida por alguns tipos de patologias.

Apesar do esforço pessoal do profissional e do empenho para otimizar os serviços, a qualidade de vida do paciente muitas vezes não muda

---

[12] KÜBLER-ROSS, E. *La morte e il morire*. Assisi: Cittadella, 1982. pp. 32-33. [Orig. em inglês, s.d.]

sensivelmente, o equilíbrio conseguido é inconsistente, a patologia está sempre de tocaia, provocando-lhe a sensação de não ter a situação sob controle. O médico pode então se refugiar em uma *atitude "técnica"*, que lhe constitui segurança e defesa, impedindo-o de interrogar-se e colocar em discussão a si mesmo e o próprio trabalho; pode adotar uma *atitude de "baby-sitter"*, que protege a pessoa em terapia e se transforma numa espécie de consultor social; pode expressar uma *atitude "abandonada"*, lamentando-se pela solidão em que vive, e disso acusa os colegas, a estrutura e a organização do trabalho, atribuindo-lhes a causa da própria impossibilidade operacional; ou então pode se acomodar numa *atitude "resignada"*, típica daquele que se empenhou por construir uma nova reabilitação, mas, abatido por dificuldades e incompreensões encontradas, pensa que não é mais possível incidir numa situação que continua a lhe pesar e da qual não consegue se libertar.[13]

Também os *psicoterapeutas* não estão imunes ao *burnout*. Em um artigo bastante incisivo, Thomas Maeder nos lembra que, por trás da motivação altruísta de curar os outros há uma série de outras, e não é última a de curar a si mesmos: em muitos psicoterapeutas, segundo ele, não há verdadeiro altruísmo, mas sim a tendência a "recompensar tacitamente as próprias necessidades pessoais sob a aparência da dedicação ao outro". Muitos deles se "exaurem", se esgotam (entram em *burnout*) e têm a amarga convicção de terem dado mais do que poderiam e recebido pouca recompensa, acumulam raiva e amargura mesmo se exteriormente controlam muito bem as próprias emoções.

Têm aquilo que Ernest Jones chamou de "complexo de Deus", uma profunda e disfarçada fé na própria importância e excepcionalidade, na própria onipotência, uma forma particular de narcisismo. Tudo isso pode se tornar uma armadilha para ambos os parceiros da cura.

---

[13] Atitudes descritas por Camacchia e Marzocchi numa relação citada em DAVEGGIA, L.; SANDRIN, L. *L'autonomia possibile*. Attenzioni psicologiche nella riabilitazione del disabile. Torino: Edizioni Camilliane, 1996. pp. 94-99.

Para o paciente, a terapia com um desses "médicos doentes" pode tomar uma direção perigosa no momento em que se torna parte integrante de sua vida e não mais um processo ativo que deveria finalmente permitir-lhe caminhar com as próprias pernas. Para finalizar, o paciente não quer mais deixar seu terapeuta idealizado, nem este tem qualquer interesse em despedi-lo. No pior caso, todo o processo terapêutico pode ser adulterado, se o terapeuta inconscientemente opõe resistência à ideia de curar o paciente, pois naquele caso perdê-lo-ia. O estranho relacionamento entre os dois se torna então uma história sem fim.[14]

O luto por parte do terapeuta, pela perda do paciente e da própria onipotência, não é elaborado, mas somente adiado indefinidamente.[15]

---

[14] MAEDER, T. Il guaritore ferito. In: *Psicologia contemporanea*, 98 (1990), p. 11.

[15] Diversas outras figuras de profissionais que trabalham nos serviços sociais, na educação e na saúde se interressaram pelo fenômeno do *burnout*. Cf. VV.AA. *Professional Burnout in Medicine and in the Helping Professions*. New York/London: The Haworth Press, 1989; PAYNE, R.; FIRTH-COZENS, J. *Lo stress degli operatori della sanità*. Roma: Kappa, 1999 [orig. em inglês, 1987]; ROSSATI, A.; MAGRO, G. *Stress e burnout*. Roma: Carocci, 1999; MANNUCCI, A.; POGGESI, P. *L'educatore di professione e i rischi di burnout*. Tirrenia: Del Cerro, 2000, vol. I. Interessante também o caso do policial Ronie, narrado por Zimbardo, na introdução a MASLACH, cit., pp. 7-11.

UMA FREQUÊNCIA INCÔMODA

Uma voluntária em *burnout*

O que provoca maior estresse naqueles que se encarregam das pessoas doentes é o confronto, às vezes contínuo, com o sofrimento e com a morte. Os menos preparados são certamente os mais vulneráveis, como, por exemplo, os voluntários.

Isadora é dona de casa, o marido trabalha, tem dois filhos estudantes e uma irmã solteira que mora em sua casa. Seu ideal é levar toda ajuda que pode aos doentes terminais e a seus familiares.

Tem uma longa experiência como voluntária nos âmbitos social e sanitário (em que obteve alegrias e reconhecimentos, estabeleceu ótimos relacionamentos com um grupo de voluntários e harmonia com os assistidos). Para ampliar seus conhecimentos, frequenta um curso específico para assistência aos doentes terminais e começa a fazer parte de uma associação para cuidados paliativos.

No outono, chega à associação o pedido de assistência a uma senhora de nome Rosa, de 33 anos, com carcinoma no útero e metástases difusas. Precisa da intervenção de enfermeira especializada. A equipe que lhe dará assistência é composta de um médico, uma enfermeira, uma assistente social e Isadora. A assistência especializada (médico e enfermeira) é limitada ao tempo técnico da conclusão dos trabalhos sanitários, enquanto a voluntária deve desempenhar todas as outras tarefas e responder a várias necessidades, com as quais preenche todas as horas do dia e, ainda, algum imprevisto noturno.

O serviço de Isadora é de babá dos dois filhos de Rosa, de quatro e seis anos, de companhia e assistência à paciente e de ajuda nas tarefas de casa. Começou esta nova atividade com entusiasmo e amor, tanto que se propunha a suprir algumas tarefas próprias da enfermeira.

Esse envolvimento emocional e de tempo a leva a estar menos presente na própria família, criando uma série de conflitos: o marido se sente descuidado e preocupado com a saúde da mulher; os filhos têm ciúme por ela dedicar tantas horas a pessoas estranhas; a irmã se sente sobrecarregada de trabalho e de responsabilidades que não lhe competem. Esses dissabores são expressos verbalmente, enquanto Isadora procura remediá-los no período em que passa com a família.

Quando faz um doce, os familiares perguntam se é para eles ou para a paciente, pois às vezes Isadora os leva para a família de Rosa, que já considera como sua. Preocupa-se em saber se as crianças fizeram o dever de casa, se comeram, se o marido fez o que devia para os filhos e para a mulher. Ele, porém, paralisado pela presença constante da equipe, se sentiu descartado das funções que poderia exercer.

Depois de vários meses, a voluntária começa a sentir cansaço, tanto físico como emocional; vê somente os obstáculos no relacionamento com a própria família e com a família de Rosa.

O grupo de assistência também entra em crise. Demonstra cansaço, porque Rosa, até o fim de sua doença, torna-se cada vez mais exigente. Solicita mais assistência, especialmente à voluntária, que não é mais eficiente em administrar a situação. Isadora se sente extremamente envolvida, mas incapaz de responder a todas as exigências.

Com a morte da assistida, Isadora entra em crise: não consegue superar o luto pela perda e foge da família de Rosa.

Percebendo que a situação lhe havia fugido das mãos, procura analisar seu trabalho com a equipe. Como considerou a análise insuficiente, procurou ajuda espiritual, através da qual descobre o sentido do sofrimento e os próprios limites.

Agora, depois de cinco anos do fato, Isadora continua a prestar seu trabalho junto aos doentes com mais consciência e racionalidade.

Na atual conjuntura político-econômica, aos voluntários se pede que façam cada vez mais. Algumas atenções especiais, relacionadas a seguir, podem prevenir ou aliviar seu *burnout*.

- Conhecer bem os voluntários e o motivo pelo qual querem se empenhar nesse campo.

- Informá-los adequadamente sobre o tipo de assistência: os voluntários que mais facilmente entram em *burnout* são aqueles que têm expectativas irreais, não têm conhecimento claro do seu papel na organização, do espaço e dos limites do seu trabalho.

- Ajudá-los na elaboração de metas realistas e atingíveis, fazendo-os compreender que não é importante a quantidade de trabalho que realizam, mas a qualidade, destacando aquilo que foi feito mais do que aquilo que ainda está por fazer.

- Oferecer uma comunicação contínua e oportunos *feedbacks* para aquilo que fazem: isso não somente os ajuda a identificar vantagens e desvantagens de um modo de agir, mas garante também que a distribuição das tarefas não seja desequilibrada.

- Proporcionar um treinamento adequado, feito de informação e de aprendizagens especialmente no plano relacional; programar algo especial para eles significa também reconhecer a importância do que fazem.

- Monitorar seu bem-estar regularmente, de modo especial antes e depois de certos acontecimentos, e ficar atento aos vários sinais de estresse que eles podem manifestar.

- Como diferentes pessoas podem fazer bem funções diversas, é importante conhecer suas habilidades e os níveis de tolerância ao estresse.

- Reconhecer e valorizar seu trabalho: os voluntários não querem recompensas materiais, mas desejam saber se estão fazendo um bom trabalho e que a sua dedicação "faz a diferença"; é importante que se sintam parte de uma equipe e percebam que estão colaborando para a consecução de um escopo comum.

- Garantir uma supervisão para aquilo que fazem e um bom apoio psicológico nos momentos de maior carga emocional, de desânimo ou depressão.
- Organizar momentos sociais de lazer por meio dos quais possam relaxar e criar (ou aprofundar) uma rede de relações que lhes dê um sentido de pertença e garanta um melhor apoio social.

Ao lado de quem está morrendo

Problemas como o de Isadora, o *burnout*, não afetam somente os voluntários, mas também as pessoas das equipes de cuidados paliativos, mesmo aquelas mais atentas e preparadas.

Aqueles que trabalham nesses contextos guardam alguns "curingas", como nos recorda Maurice Abiven, para fazer frente ao sofrimento e ao sentimento de impotência diante da morte:

> o fato de não considerar a morte uma derrota, mas sim um acontecimento a ser vivido; fazer um trabalho que escolheram e para o qual se sentem motivados; ter discernimento das coisas, dos valores pessoais em condição de dar sentido ao próprio trabalho; ser conscientes e aceitar um desafio demonstrando que podem agir de diversas formas.[1]

Apesar de tudo isso, eles sofrem e podem entrar em *burnout*. O sofrimento é articulado em torno de três pontos:

1. *Confronto com a morte, a perda e o luto*. O confronto cotidiano com a morte do outro só serve para lembrar continuamente a própria finitude e mortalidade, os medos, os lutos antigos e não resolvidos. Nem sempre é possível sublimar e transformar esse sofrimento. Às vezes ele "dói" e os profissionais podem procurar se defender negando ou fazendo, de alguma forma, pactos com a morte com a qual se deparam. Nem sempre é fácil manter a "distância emocional certa" e a empatia. Algumas vezes acontece uma verdadeira identificação. Como no caso daquela enfermeira que pe-

---

[1] ABIVEN, M. *Accompagnare il malato terminale*. Torino: Centro Scientifico Editore, 2001. p. 132. Cf. este texto também para as reflexões seguintes.

diu ajuda ao psicólogo porque tinha percebido uma dor constante no seio durante os dois meses que uma jovem senhora, portadora de um tumor e medicada duas vezes ao dia, tinha passado no setor: uma dor que de repente desapareceu quando a paciente morreu.

2. *Confronto com a equipe interdisciplinar.* Trabalhar numa equipe pluridisciplinar é interessante, mas pode produzir um sofrimento por "competição". Todas as equipes têm problemas de rivalidade, mas, naquelas em que se desenvolve um projeto idealizado, há uma forte pressão psicológica sobre cada membro para que seja "o melhor". A qualidade das relações na equipe repercute no relacionamento com o doente e a qualidade deste relacionamento, por sua vez, reflete na equipe. É difícil manter uma autêntica capacidade de se relacionar com o paciente se esta não é vivida também com as pessoas com as quais se trabalha. Ocupar-se da globalidade do sofrimento dos doentes exige complementaridade de todas as disciplinas, mas, na prática, o trabalho pluridisciplinar é muito exigente. Isso exige: o conhecimento das pessoas e o respeito por suas diferenças também religiosas e culturais; a compreensão e o reconhecimento das diversas competências; a elaboração de um projeto comum e objetivos continuamente redefinidos e cuja realização seja decidida em conjunto; a possibilidade de intercâmbios verdadeiros, durante os quais se pode confrontar os diversos pontos de vista mesmo de modo crítico, num clima de segurança e confiança.

3. *Confronto com a própria vida.* O confronto com a tragicidade da morte e a evocação constante ao sentido da vida produzem também um "estresse positivo", que estimula a transformação do próprio relacionamento com a vida. Passa-se a reconsiderar o modo de viver e a prevalência da afetividade sobre o fazer, recoloca-se em discussão a hierarquia de valores e reavalia-se o tempo e as relações com os outros. Nem todos, porém, estão prontos para essa "mudança". Para alguns, é muito difícil. Há os que se acovardam, negam ou fogem do trabalho. Nos serviços de cuidados paliativos, não se nega a morte, mas corre-se o risco de serem negados seu caráter trágico e o sofrimento, que podem ser despertados

no fundo da alma. Diante do reaparecer contínuo desse sofrimento (e da tragicidade da morte), podem-se sentir desorientados.

É importante nesses casos tanto o apoio pessoal como aquele realizado por meio de reuniões periódicas para o intercâmbio de informações, elaboração do projeto de cuidado, discussões sobre decisões que devem ser tomadas, nas quais seja também possível, sob a orientação de especialistas, expor o próprio sofrimento tanto diante da morte de um paciente e do luto que dela deriva, como diante da dificuldade pelo trabalho pluridisciplinar e pelos problemas relacionais.

O que deve ser elaborado continuamente é o luto, pois interessa a toda a equipe de profissionais. Há uma perda, que deve ser trabalhada toda vez que morre um paciente, para reinvestir o próprio esforço (e afeto) em outro paciente. Não somente a contínua superexposição relacionada à morte e ao luto, mas também a difícil elaboração dos próprios lutos "profissionais" influi, e não pouco, sobre a síndrome de esgotamento emocional e profissional chamado *burnout*[2] (e consequente "des-investimento" para com o objeto de amor e de cuidado).

Perdas não aceitas e lutos não elaborados podem encontrar solução no pedido de eutanásia, como tentativa desesperada de retomar o controle sobre a morte, mas também expressão de uma incapacidade (e consequente negação) de aceitar a perda do doente, sobre o qual se investiu muito não só profissional, mas também afetivamente. Escreve uma enfermeira:

> Toda vez que um paciente morre tenho a impressão de haver perdido um pouco de mim. Perder um paciente é um grande estresse, sobretudo quando se trabalhou duro. Nascem sentimentos de afeição, laços afetivos, e a morte vem quebrar tudo isso. Essa reflexão sobre o morrer faz reaparecer em mim lembranças de situações mal vividas, de lutos mal resolvidos que estavam sepultados em mim, durante esses anos.[3]

---

[2] Cf. o capítulo Les deuils du médicin et de l'équipe soignant no volume de BACQUÉ, M.-F, *Deuil et santé*. Paris: Odile Jacob, 1997.

[3] ABIVEN, M.; CHARDOT, C.; FRESCO, R. *Euthanasie*. Alternatives et controversies. Paris: Presses de la Renaissance, 2000. pp. 141-142. Cf. este texto também para as refle-

Os enfermeiros profissionais e os auxiliares são, certamente, os mais expostos ao sofrimento diante da morte dos pacientes, mas não é avaliado o sofrimento do médico. Muitas críticas dirigidas aos médicos, as quais afirmam que eles não dizem nada aos doentes, não os olham ou são insensíveis, poderiam encontrar explicação quando esses comportamentos são vistos como "mecanismos de defesa e de proteção" diante do sofrimento que também o médico, cotidianamente, vive ao lado de quem morre.

Pode haver também uma *reação de distanciamento* de um trabalho executado, mas constantemente "incompleto", que nunca pode ser plenamente planejado, controlado e concluído. Tudo isso pode provocar uma verdadeira *crise de identidade* profissional: motivado para curar e impossibilitado de fazê-lo, o médico que assiste pacientes em fase terminal é deslocado cada vez mais para os aspectos relacionais da cura (da cura ao cuidar, dos aspectos físicos aos psicológicos) e nem sempre está preparado para fazê-lo.

Há um elemento, com frequência não devidamente avaliado, que contribui para o estresse naqueles que "por profissão" sempre se deparam com a morte. Eles se encontram na condição de se responsabilizar por realidades que a sociedade se recusa. Há uma "intolerância cultural" pelo sofrimento e a morte, confiada cada vez mais aos especialistas, mas eles mesmos são muitas vezes impotentes diante dessas realidades. Nasce um sentimento de inutilidade, derrota e perda, que os leva a um gradual "des--investimento" relacional, profissional e afetivo no paciente, que perde aos poucos o estatuto de pessoa, única e insubstituível, para se tornar, antes mesmo de o ser, um morto (e às vezes um objeto) entre muitos. Há também um posterior "desinvestimento" de si mesmos como bons cuidadores da instituição, como fonte de satisfações profissionais, e o desenvolvimento de sentimentos de desilusão, fracasso, culpa e inutilidade social. O samaritano atento pode se transformar em apático, se desiludido.

---

xões seguintes. Sobre a psicologia do luto, cf. SANDRIN, L. Il lavoro psi cologico del lutto. In: *Camillianum*, 7 (2002), pp. 129-141.

O médico pode então fugir da relação e refugiar-se no ativismo e na pesquisa como âncora de salvação da esperança. Mais que um sujeito portador de sofrimento, o paciente se torna um objeto de experimentação. E se isso pode interessar ao médico, o mesmo não ocorre com o enfermeiro, que se sente "usado" ao ter de realizar nos pacientes uma série de exames, até dolorosos, sem benefício aparente a eles ou a si próprio. Os conflitos, nesse terreno, servem apenas para agravar o estresse já presente na equipe médica.

Para acompanhar uma pessoa moribunda, é preciso reconhecê-la nesse estágio. E para fazê-lo, é preciso superar os sentimentos de angústia, fracasso, impotência e culpa, assim como a recusa protetora e autoprotetora. Mas não é fácil deixar de fugir (pelo menos psicologicamente). "A nossa fuga pessoal", comentam alguns profissionais de saúde, "não é mais que um reflexo da fuga coletiva e contemporânea diante da morte. A única diferença é que nós estamos ali com o doente, porque é o nosso trabalho e não podemos mandar a morte ir morrer noutro lugar".

Não faltam, além disso, os conflitos éticos de certa intensidade sobre as decisões que devem ser tomadas acerca do tipo de cuidado nos momentos finais da vida e possíveis consequências jurídico-legais.

Não é fácil estar na relação mantendo um espaço profissional entre si e o paciente. A *aproximação* do paciente que vive nos asilos e nas estruturas de cuidados paliativos – nos recorda Sheila Cassidy, por muitos anos funcionária nesse setor – não é um erro profissional, mas é a coisa mais preciosa que podemos oferecer às pessoas que estão frequentemente sozinhas e isoladas, que perderam o próprio valor; mas essa aproximação pode tornar os profissionais vulneráveis.

> Se, no acompanhar a pessoa moribunda, nós nos tornamos tão próximos deles que tomamos sobre nós a sua dor, estamos correndo o risco de *burnout*. Se, no entanto, temos claro em mente que esta pessoa é um paciente, não um amigo pessoal, então podemos permitir-nos ficar realmente próximos deles sem por isso sofrer os prejuízos.[4]

---

[4] CASSIDY, S. *Light from the Dark Valley*. Reflections on Suffering and the Care of the Dying. London: Darton, Longman and Todd, 1994. p. 130.

A salvação de quem cuida está na sua capacidade de administrar a relação terapêutica na linha da empatia, isto é, a habilidade de adentrar na vivência do paciente, fazendo dela uma experiência *como se* fosse sua, mas não esquecendo este *como se*. E o doente sabe compreender quando por trás de uma relação que parece formal e distante há, na realidade, uma verdadeira capacidade profissional de equilibrar competência e compaixão.

"Quando o mal do outro faz mal"

Com este título, um noticiário médico falava do *burnout* e recordava que a oncologia é o ambiente em que mais ocorre esse risco. E citava uma pesquisa com mil oncologistas, na qual 56% apresentavam claros sinais de *burnout*, porque relatavam frustração e sensação de fracasso.

Quem trabalha na oncologia é certamente um sujeito que corre risco de *burnout*.

> Apesar dos progressos na cura de tumores, o confronto com o tema da morte continua sendo uma experiência central para quem trabalha nessa área e, se isso pode representar um desafio para alguns, para outros constitui um estresse tão grande que compromete a necessária humanidade e sensibilidade para com os pacientes.[5]

O cuidado dos doentes de câncer (pelo tipo de patologia, de sofrimento e pelas temáticas existenciais que vivem e que estão presentes também naqueles que deles cuidam) exige, além de elevada competência técnica, bom controle psicológico e habilidades relacionais poucas vezes ensinadas na escola. O câncer expõe especialmente o pessoal profissional ao impacto do "inevitável problema da própria mortalidade".

Há alguns fatores específicos de estresse e de possível *burnout* para quem trabalha na oncologia. Biondi, Costantini e Grassi resumem-nos assim:

---

[5] BIONDI, M.; COSTANTINI, A.; GRASSI, L. *La mente e il cancro*. Insidie e risorse della psiche nelle patologie tumorali. Roma: Il Pensiero Scientifico, 1995, p. 155. Deste texto tomo as anotações que seguem.

- A dificuldade de adaptação (emocional e cognitiva) ao trabalho com os doentes de câncer.
- As características da doença e do tratamento, que incidem profundamente no corpo e na mente do doente (e dos familiares) e criam uma forte dependência.
- A impossibilidade de se defender da angústia pela certeza do fim da relação com o paciente.
- O fato de a doença do paciente relembrar experiências pessoais, doenças semelhantes vividas na família, sentimentos de culpa ligados ao tipo de assistência prestada, lutos não resolvidos.
- Os sentimentos de raiva por uma doença que não se consegue controlar e de impotência por não poder fazer mais.
- A falta de uma preparação adequada, especialmente no que diz respeito ao conhecimento das dinâmicas psicológicas, e a ausência de capacidade de administrar as relações para fornecer uma cura global ao paciente.
- Os mecanismos de defesa em relação à identificação com o paciente e a dificuldade de administrar a empatia.

A propósito de como o relacionamento com o doente pode relembrar experiências pessoais removidas, os autores narram o caso de uma psicóloga hospitalar que trabalhava como consultora nos setores oncológicos do hospital. A sua formação psicoterapêutica lhe permitia elaborar uma defesa ao contínuo confronto com experiências de separação e perda, além de controlar a angústia da morte vivenciada na oncologia. Havia sido designada para o tratamento psicoterápico de uma paciente com diagnóstico de melanoma e que estava internada em outro hospital. Começou a adiar a consulta, cada vez com uma desculpa diferente. A uma colega que lhe pergunta o motivo, responde aborrecida que não lhe pagam para isso. Ela mesma se espanta com aquela reação. O verdadeiro motivo não é, no entanto, o dinheiro. Há outra razão e ela mesma o confessa. Anos atrás, o pai havia desenvolvido um tumor e tinha sido internado no mesmo hospital no qual agora estava a sua paciente. Absorvida com seu trabalho, não pôde acompanhá-lo. A ideia de ir ao mesmo hospital fez emergir um sentimento de culpa antigo, que não lhe permitia fazer a uma estranha aquilo que não havia feito ao próprio pai.

Aos fatores listados, acrescentam-se a atual forte pressão que vem da organização hospitalar e da saúde (atender cada vez mais doentes em menor tempo e possuir habilidades administrativas que não são próprias da profissão médica) e as necessidades de cuidado e de relação com os doentes e seus familiares (e a pouca preparação do setor da comunicação). Alguns autores falam dos médicos como de "agentes duplos", isto é, atuando em duas frentes não facilmente conciliáveis.

Com base em várias pesquisas e experiências, conclui-se que, se a relação com os doentes é certamente fonte de estresse, o saber administrá-la leva a grandes satisfações (no doente e em quem cuida dele) e a uma diminuição do *burnout* também em relação a profissionais que trabalham em outros campos.

Em uma pesquisa sobre médicos, enfermeiros e pessoal auxiliar que atuavam no campo da oncologia, verificou-se um dado inesperado com pessoas religiosas em relação ao *burnout*. À questão "você se considera uma pessoa religiosa?", aqueles que respondiam afirmativamente apresentavam níveis mais baixos de esgotamento emocional e de diminuição de empatia. "Isso", comentam os pesquisadores, "pode ser o resultado de uma percepção mais existencial no cuidado com doentes críticos e pacientes moribundos". Ao dar um significado diferente à vida e à morte, tem-se mais satisfação em trabalhar nesse campo.[6]

O *burnout*, também no âmbito oncológico, pode ser a consequência de um caminho psicológico no qual as expectativas são elevadas (esperança de cura e de controle da situação), assim como também é elevado o investimento emocional colocado em prática. O insucesso, o fracasso e o não ter conseguido atingir os objetivos prefixados dão lugar a uma frustração mais ou menos intensa, que pode culminar com descargas de

---

[6] KASH, K. M. et al. Stress and Burnout in Oncology. In: *Oncology*, 11 (2000), pp. 1621-1633.

agressividade ou transformar-se em nova carga para superar os obstáculos. Se a situação não se modificar, aparecerá um sentimento de impotência, incapacidade, inadequação, todas características do *burnout*.

Importante, portanto, para esses profissionais, será um trabalho de reflexão para identificar as principais expectativas e conferir a elas uma ordem de importância; examinar as reais possibilidades de sucesso na consecução das expectativas; avaliar o próprio grau de capacidade de aceitar um resultado parcial; considerar o espaço e a importância atribuídos aos projetos profissionais em relação a outros projetos de vida e às relações afetivas.[7]

O contágio do medo

Outro setor de risco é certamente a assistência aos doentes com Aids. Muitos fatores que levam os que cuidam desses pacientes ao *burnout* são semelhantes àqueles presentes em outras situações assistenciais (pode variar a graduação emocional), e outros são específicos.

Assistir doentes com Aids é uma das situações psicologicamente mais estressantes, porque comporta um contato cotidiano com a morte e o sofrimento de pessoas geralmente jovens, com práticas ligadas à sexualidade, com o luto e a dor dos familiares.

> A assistência exige um confronto contínuo com sentimentos de impotência terapêutica e frustração, como também capacidade de autocontrole para superar o medo do contágio e o preconceito em relação às pessoas soropositivas. Além disso, com frequência, o ritmo de trabalho limita a possibilidade de encontrar espaço para o confronto e a partilha das próprias dificuldades, enquanto a variabilidade e a multiplicidade dos protocolos terapêuticos e a exigência de colocar em prática planos de assistência integrados entre diversas figuras profissionais podem suscitar dinâmicas complexas e conflituosas dentro da equipe médica.[8]

---

[7] TAMBURINI, M.; FUSCO, C.; AGUZZOLI, L. (Orgs.). *Qualità di vita nell'istituzione oncologica*. Progetto abiettivo. Divisão de Psicologia, Istituto Nazionale Tumori (http://www.qlmed.org/LICT/dossier2.htm).

[8] BELLANI, M. L.; TROTTI, E.; GNECCHI, M.; PEZZOTTA, P.; BELLOTTI, G. Burnout e realizzazione lavorativa negli operatori sanitari. Il ruolo dei tratti di personalità.

Entre os fatores específicos que podem incidir no *burnout* dos profissionais que cuidam de doentes com Aids podemos destacar alguns.[9]

1. *A multiplicação de falecimentos.* Há muitas mortes e não há tempo de elaborar o luto nem pessoalmente nem na equipe médica. O *burnout* pode ser causado em grande parte justamente pela dificuldade em dosar os dois polos da relação com o doente: o investimento para curá-lo e o "des-investimento" após a morte. Não é fácil "des-investir-se" depois que houve um aumento de envolvimento assistencial (e em grande parte emocional-afetivo) precisamente nos momentos finais da vida.

2. *A idade dos doentes.* Os doentes com Aids geralmente são jovens. Muitas vezes têm a idade daqueles que estão cuidando deles. A proximidade da faixa etária torna mais fácil a identificação daquele que cuida com o que está sendo cuidado. Dessa forma, a morte do doente é mais facilmente vivida como "própria". O sentimento de injustiça muitas vezes experienciado pelos doentes, porque arrancados da vida numa idade muito jovem, é compartilhado e "com-vivido" também por aqueles que cuidam deles, assim como é compartilhada a raiva.

3. *Um sentimento de impotência.* Nasce da convicção, emocionalmente envolvente, que, por mais que se faça e por mais que se cuide, o sofrimento está sempre presente e a morte tem a última palavra. Esse sentimento "machuca" especialmente aqueles que identificam o próprio ser que cuida com a imagem do guerreiro que entrou no campo da saúde para vencer a morte, mas não conseguem ser bons cuidadores dos doentes, nem mesmo salvam suas vidas, mas trabalham com "qualidade", apoiam-nos moralmente, confortando-os e ajudando-os a viver e a morrer nas melhores condições possíveis, aliviando-lhes a dor.

4. *A presença de tendências antimedo ou de problemáticas próprias do indivíduo que cuida.* As tendências antimedo se referem ao esforço incons-

---

In: BOSIO, A. C.; CESA-BIANCHI, M. (orgs.). Contributi per la medicina. Número especial de *Ricerche di Psicologia*, 4 (1996) / 1 (1997), p. 496.

[9] AYOUCH-BODA, A. Le syndrome d'épuisement professionel ou burnout. In: HEFEZ, S. (Org.). *Sida et vie psychique*. Approche clinique et prise en charge. Paris: La Découverte, 1996. pp. 291-296.

ciente de superar a propensão à fobia (medo da doença, da morte, de experiências ligadas à sexualidade etc.), confrontando-se com o objeto temido, mais que evitando determinadas situações. São mecanismos de defesa (em grande parte adaptativos) que ajudam a controlar a angústia desencadeada por certas realidades. Tornam-se, às vezes (como na situação da Aids), mais difíceis de serem administrados porque implicam fortes tensões e um desgaste contínuo de energias no nível psíquico. A Aids tem muitas ligações, conscientes ou não, nos níveis tanto individual como coletivo, com o problema da sexualidade, a culpa e a consequente punição. Uma assistência adequada a esses doentes, sem desgaste psíquico excessivo, dificilmente pode ser ministrada sem uma elaboração dessas experiências e dos vários tipos de defesas ligadas a eles. Não somente no nível individual, mas também no de "imagens" sociais. Quando os doentes são também toxicômanos, a situação só serve para complicar a relação. A "atribuição de culpa" a esses pacientes, mesmo se não verbalizada, se expressa de alguma forma nas relações.

5. *Falta de comunicação*. Disfunções no nível da comunicação (ligadas também às dinâmicas que entram em jogo nesse tipo de assistência) podem repercurtir na cadeia no final da qual está o doente. Uma pessoa que sofre de *burnout* se lança mais facilmente numa hiperatividade na qual não há tempo para falar, mas tudo isso (fruto do *burnout*), como num círculo vicioso, não serve senão para aumentar o *burnout* (fruto da falta de comunicação).

O ESTRESSE DA ASSISTÊNCIA

Uma vida ligada

Um operário de 45 anos vive com a mãe idosa, com Mal de Alzheimer. Ultimamente está cada vez mais agitada. Acorda muitas vezes durante a noite, circula pela casa, às vezes pelo lado de fora. Pode-se facilmente fazê-la voltar para a cama, mas depois de meia hora está em pé de novo. O filho teme que, se não a vigiar, sua mãe pode se machucar, se perder ou acabar debaixo de algum carro.

Está desesperado. Trabalha em um serviço pesado e começa a cochilar durante o expediente. Sua mãe fica sozinha em casa durante o dia, e ele não tem condições de contratar uma pessoa para cuidar dela. Pensou até em trancá-la em casa, mas tem medo que isso possa ser ilegal e perigoso em caso de incêndio.

Sua mãe tem a assistência do serviço de saúde e está na lista de espera de várias casas de repouso, por falta de leitos disponíveis. Ele fica inconformado por saber que algumas pessoas conseguiram vaga, mesmo tendo entrado na lista depois de sua mãe. Viu propagandas sobre os chamados "centro-dia", mas acha muito caros. Tem apenas um parente: uma irmã que mora numa cidade muito distante e se sente culpada por não ajudá-lo, mas já tem muitos problemas. Disse-lhe para deixá-la no hospital: "Eles vão procurar um leito livre num asilo".

O filho é viúvo e sua vida social, antes ativa, agora é praticamente inexistente porque tem de estar com a mãe o tempo todo, e, assim, tem menos possibilidades de usufruir da presença benéfica de seus amigos justamente no momento de maior necessidade.

Teme pela própria segurança e está preocupado com sua saúde, mas não sabe o que fazer. Fisicamente, a mãe não apresenta problemas; está bem e não há motivos para hospitalizá-la. Exausto e perturbado, procura o médico da família. Começa a ter impulsos agressivos e tem medo de machucar a mãe. O que fazer?

A situação narrada nessa história é muito comum – comenta um médico de Chicago – em muitas famílias que enfrentam com dificuldade o Mal de Alzheimer.

Torna-se insustentável quando não se recebe o apoio adequado e as informações necessárias.[1]

Nesse caso, o médico de família tem uma tarefa fundamental: garantir a realização de um diagnóstico cuidadoso e oferecer um tratamento apropriado à paciente, além de orientar os familiares.

O maior problema é quando a pessoa troca o dia pela noite. Trata-se, portanto, de organizar o dia de maneira adequada. Para isso, é necessário encontrar alguém que cuide ou pelo menos dê uma olhada nela de vez em quando.

Melhor ainda seria uma instituição que a acolhesse durante o dia. Mas nem sempre é fácil. Às vezes, ainda, é preciso fazer modificações na casa.

É fundamental, porém, ter contato com alguma associação especializada no Mal de Alzheimer para obter informações e apoio voltados a ajudar os familiares a enfrentar e resolver os vários problemas que aparecem durante toda a evolução da doença. Muito depende, portanto, da ajuda que se pode receber. Ter acesso a esse recurso, entretanto, varia de acordo com aquilo que se pode dispor e com a região onde se mora.

Alguns familiares, em certo ponto, "explodem": chegam a matar a mãe doente ou o filho com deficiência e depois se entregam à polícia ou se suicidam. Muitos não atingem esse extremo, mas também neles o estresse pode ser muito alto.

---

[1] Cf. FAZIO, S. Caretaker Burnout: Supporting of Patients with Alzheimer's Disease. In: *American Family Physician*, 1 (1999).

Não é fácil, por longos períodos ou por toda a vida, dar assistência a um familiar com certas doenças ou deficiências: pode-se chegar a um esgotamento psicofísico muito semelhante, se não idêntico, ao *burnout*.

Vejamos o caso de Filipe que, como de costume, veste o avental do hospital para ficar ao lado do filho José, de 42 anos, que tem síndrome de Down e faz hemodiálise. Há dois anos faz as mesmas coisas: dia sim, dia não, toma José nos braços (porque usa cadeira de rodas há muito tempo), coloca-o no carro e o leva ao centro de diálise. Fica lá o tempo necessário, brinca com ele, consola-o e tranquiliza-o diante do desconforto causado pelo tratamento (apesar de sua idade, José é como uma criança).

Filipe aceitou, com grande amor e espírito de adaptação, o nascimento de seu filho, fazendo que os outros também o aceitassem. Continuou com satisfação sua profissão de alfaiate.

No início da hemodiálise, decretou o fim de suas expectativas profissionais (tornar-se o melhor alfaiate da cidade). Sua presença assídua é necessária para que José possa se submeter ao tratamento. Não conseguiu pedir ajuda a outros membros da família, dado o seu laço afetivo com o filho. Se o tivesse confiado aos cuidados de outras pessoas, teria se sentido culpado por tê-lo abandonado. A opção, embora feita com a máxima convicção e sob o ímpeto de um afeto profundo pelo filho, comprometeu profundamente seus projetos e deixou um rastro de amargura.

Com o tempo, a situação se torna insustentável: apesar de seu esforço, as exigências de José são cada vez mais difíceis de serem atendidas. Filipe começa a ficar irritado e agressivo com facilidade, o que agrava seu sentimento de culpa. A situação piora e Filipe entra em depressão. Questionamentos sobre seu futuro e o do filho ocupam sua mente, mas não encontra respostas satisfatórias.

E são muitos os casos semelhantes a esse.

A ocupação familiar

Prestar assistência a um doente, especialmente de modo contínuo, muda a vida não somente de quem o assiste, mas também de toda a família. Os autores falam, a propósito, de *ocupação familiar* ou simplesmente de impacto familiar e o analisam em três perspectivas: o estresse, as limitações e o impacto emocional.[2]

1. Há um *estresse contínuo* que pode levar a um verdadeiro *burnout*: excesso de trabalho, em casa e fora dela, um conjunto de ocupações de tipo assistencial nem sempre fácil de administrar, contínua supervisão e monitoramento, responsabilidades financeiras e de outro tipo que antes eram assumidas pelo doente, progressiva centralização determinada por um sentir-se necessário e um sentimento de autoestima que o tira justamente do novo papel. O trabalho de cuidar influi nas relações familiares no seu conjunto: ciúmes pelo tempo dedicado à pessoa em dificuldade, desacordos sobre o modo de administrar a assistência e as respectivas responsabilidades, o aparecimento de experiências afetivas, que em períodos "normais" permanecem adormecidas ou sob controle. Muitas vezes há efeitos negativos sobre a saúde daquele que presta assistência.

2. Há uma série de *limitações* vividas no trabalho: interrupção ou redimensionamento da carreira, ganhos menores, perda do contato social com os colegas e consequente sentimento de solidão e isolamento. As limitações atingem as relações afetivas, vistas como incompatíveis com o trabalho que se exerce, e a elas frequentemente se renuncia. Nas relações e nos contatos sociais, elas interessam, porém, a toda a família, chamada a rever compromissos e envolvimentos externos para se dedicar ao cuidado de quem precisa.

O sentimento de solidão é muitas vezes agravado pela convicção, mais ou menos real, de que não há pessoas com quem confidenciar-se e, se houver, nem sempre estão em condições de compreender. Quando a pessoa assistida é também o parceiro na vida, o sentimento de solidão de quem cuida é ainda mais forte. Christine Heron, a propósito, escreve:

> Se a pessoa assistida é também o parceiro na vida, disso deriva que a única pessoa que poderia oferecer apoio emocional, além de precisar de ajuda, não

---

[2] Cf. HERON, C. *Aiutare i carer*. Il lavoro sociale com i familiari impegnati nell'assistenza. Trento: Ecickson, 2002. pp. 41-61. [Orig. em inglês, 1998.]

tem condição de oferecê-lo. Consequentemente, além de dever enfrentar a responsabilidade assistencial, se encontram sem as fontes naturais de ajuda e numa situação em que, com muita probabilidade, as alternativas são limitadas. Os que assistem que se acham nessa situação citam a solidão como um dos aspectos mais difíceis da própria vida.

3. O *impacto emocional* varia conforme uma série de fatores: as personalidades que entram em jogo (não somente a de quem assiste, mas também a do assistido), o tipo de relacionamento que há entre os dois, a duração e o empenho do trabalho de cuidado, a capacidade de quem cuida de analisar, compreender e controlar os próprios sentimentos. Alguns sentimentos ocorrem com mais frequência: sentir-se numa armadilha, impotentes para mudar as coisas mesmo quando, na realidade, existem possibilidades; tristeza derivada de sentimentos de dor e perda (aqueles que a pessoa portadora de deficiência vive agravam os da pessoa que a assiste); culpa por aquilo que aconteceu, por não fazer o suficiente, por ter algum momento de descanso e por não ser suficientemente corajoso; raiva projetada sobre os profissionais e as organizações de saúde, ou descarregada sobre a pessoa da qual se ocupa (com consequentes sentimentos de culpa pelo ato).

Há, às vezes, verdadeiras formas de abuso: físico, psicológico, financeiro, sexual e por negligência; algumas ações acontecem por causa do estresse que o trabalho de cuidado comporta ou por falta de conhecimento, outras são "intencionais". Convém lembrar, porém, que quem assiste pode ser objeto de atitudes violentas por parte da pessoa assistida. E isso torna difícil o relacionamento de assistência e cuidado.

Há também aspectos positivos: muitos se sentem enriquecidos por seu papel, pela possibilidade de ajudar o outro. A pessoa assistida pode ser vista como um elemento precioso na família, os laços podem se aprofundar e ficar mais íntimos, criando um relacionamento de apoio mútuo. O cuidado se torna, então, na dupla, uma ampliação do relacionamento. Depende muito do tipo de relação que já existia entre os dois, do amor, do respeito mútuo e da estima que continua a ser manifestada também no relacionamento de cuidado.

Fala-se frequentemente das necessidades da pessoa doente ou com deficiência, mas poucas vezes das de quem a assiste e cuida dela. E são necessidades de:

- Trégua e apoio prático.
- Informação sobre as condições reais de saúde da pessoa a ser assistida e os serviços disponíveis.
- Formação teórica e prática para aumentar a competência no trabalho de assistência.
- Apoio emocional (individual, grupos de ajuda mútua, apoio telefônico) para aliviar as tensões e compartilhar os problemas.
- Melhoria da comunicação entre o assistido e quem cuida dele, entre este último e a família, entre ele e os profissionais da saúde e sociais.
- Administração do estresse.
- Envolvimento no planejamento e na distribuição dos serviços, levando-se em consideração as necessidades da pessoa assistida, mas também as de quem, cotidianamente, cuida dela.

Assistir os idosos

A assistência ao idoso doente ou com deficiência é, com certeza, uma situação de risco de *burnout*. Quem trabalha com geriatria é facilmente atingido por ele.

Curar, tirar a dor e vencer a morte é um ideal muito elevado, que, na geriatria, está sempre em crise e não é respeitado nas relações cotidianas. Refletem, como em um espelho, uma imagem de mau cuidador, com os sentimentos de culpa e desestima que se seguem.

"O que significa ser um cuidador?", pergunta Louis Ploton, um psiquiatra especialista nesses casos, no contexto de uma série de reflexões sobre o sofrimento na geriatria.[3] Responder cabalmente à pergunta de

---

[3] PLOTON, L. La sofferenza del personale curante in geriatria. In: Id. *La persona anziana*. L'intervento medico e psicologico. I problemi delle demenze. Milano: Cortina Raffaello, 2003. pp. 3-18. [Orig. em francês, 2001.] Resumo o seu conteúdo nestas páginas.

cura, em geriatria, não é possível. Recuperar, possibilitar sair do hospital, impedir que morra podem ser levados plenamente em consideração em outros âmbitos de cuidado, mas fazer dele objetivos absolutos nessa área é o mesmo que se expor a sofrer muitas e contínuas desilusões: causa verdadeiras feridas no interior do cuidador.

No início, ele sofre pela divergência entre seu ideal e aquilo que pode ser feito, mas também pelo confronto com o ancião enfraquecido, com a morte real ou seu fantasma que mora dentro das relações. O confronto com os idosos doentes e dependentes é psicologicamente duro, porque é difícil se deparar com o próprio envelhecimento, a dependência, a decadência e a morte que se aproxima.

São raros os idosos internados nas instituições geriátricas que correspondem ao ideal, o genitor que gostaríamos de ter ou o que desejaríamos ser. A realidade desilude os sonhos e não faz mais que abrir o caminho para uma agressividade proporcional à frustração experimentada e, em certos casos, nos limites do sofrimento suportável. E a agressividade gera, em quem trabalha com pessoas idosas, "frágeis e vulneráveis", fortes sentimentos de culpa (o cuidador ideal sabe perceber sua presença e sua voz crítica).

Junto de uma pessoa idosa se desenvolve algo semelhante a uma relação pai-filho, porém invertida, como invertidos são os relacionamentos de força. Podem reativar lembranças infantis que se pensavam esquecidas e desejos de desforra (que se imaginavam superados) em relação às frustrações suportadas. Os únicos limites, a única defesa possível para a agressividade no cuidador, são os valores que ele pode interiorizar; mas o conflito que deriva disso produz angústia ou defesas psicologicamente difíceis de administrar, quando se constatam emoções que se fazem sentir e que correm o risco de escapar das mãos.

Uma fonte especial de sofrimento nos cuidadores é o confronto cotidiano com a ideia da morte. O cuidador pode ter consciência ou não, negar ou sufocá-la, mas é colocado muitas vezes em confronto com a morte (suas imagens, odores e sinais). A relação com o idoso doente e dependente é, na realidade, uma relação a três, na qual calar o nome do terceiro não resolve nada, e fazer desaparecer os cadáveres, menos ainda. Platon afirma:

> Sempre me incomodou o fato de que o funcionamento dos serviços geriátricos não permite que haja um tempo para a vida na sua plenitude, um tempo para a morte e um tempo para o luto.

Nesses ambientes não é possível exercer o luto de modo "normal"; muitas vezes vive-se um luto antecipado (preventivo) antes ainda da morte efetiva do doente, ou um luto evitado, quando nos abstemos pura e simplesmente do envolvimento com o novo internado para nos proteger de um dia ter de viver esse sentimento novamente, ou um luto impossível por um empenho terapêutico contínuo, muitas vezes desesperado e sem retorno.

Toda categoria profissional constrói para si um modo próprio de administrar a relação com o idoso doente que permita um tempo de convivência, o menos desconfortável possível, com imagens de morte que cercam o ambiente.

O *pessoal auxiliar* padroniza a angústia enrijecendo, com esquemas fixos, a organização do trabalho, para não ser interpelado muito intimamente, evitando o quanto possível se relacionar com os idosos como "pessoas completas". Os funcionários com menos formação e menor remuneração, admitidos para tarefas práticas, são muito frequentemente envolvidos em relações psicológicas íntimas e disso sempre se defendem.

A *equipe de enfermagem* ocupa um dos pontos nevrálgicos, continuamente oscilando entre a identificação com o médico e com o doente. O ideal de cuidadora leva a aderir ao projeto terapêutico e, por isso, a sofrer as frustrações que a geriatria pode oferecer. Enquanto o médico passa, a enfermeira fica, numa relação "corpo a corpo" com o idoso doente (e com a morte). É ela que será mais facilmente levada a se interrogar: Por que cuidar? Tem-se o direito de cuidar (e se "fazer sofrer")? Por que não deixá-los morrer em paz?

O *médico* se defende melhor do envolvimento emocional, pois pode confiar seu componente psicoafetivo a um especialista (psicólogo ou psiquiatra), quando os problemas nesse âmbito "interferem" no atendimento.

Quando um paciente "demora para morrer", cria-se geralmente ao redor dele uma atmosfera de crise que parece concluir-se, mesmo sem ser resolvida, com a morte do paciente. Os (supostos) últimos cuidados são marcados por grandes tensões relacionais. Não se pode pensar em dizer ao paciente a agressividade que a sua não resposta gera para a imagem que se espera dele. Não se pode desejar isso, por estar na origem do sofrimento daqueles que o assistem, assim como é impensável guardar rancor porque o paciente "resolveu não morrer".

O único pensamento permitido será, portanto: "É preciso que tudo isto termine; ele está sofrendo muito". Não se trata certamente de negar o sofrimento daquele que está sendo atendido nem de negligenciar o cuidado que lhe é devido, mas é preciso ser sincero e perguntar-se de qual sofrimento se está falando: do sofrimento de quem? "Não será por acaso", se pergunta Ploton, "daquele que não pode ser dito, mas merecidamente ser o sofrimento de quem está cuidando...?" Ao se falar do sofrimento do doente ("é preciso que tudo isso termine o mais depressa possível porque ele está sofrendo muito!"), há também o de quem cuida dele ("sofro muito por vê-lo assim!"). E é importante dar-se conta, enxergar este sofrimento, elaborá-lo e poder expressá-lo. Removê-lo não adianta, porque de alguma parte surgirá e fará ouvir a sua voz.[4]

Dois tipos de atitude aparecem e se entrelaçam. O primeiro, centrado no doente, com a absurda esperança de que, livrando-se dele, nos livramos mais rápido do problema.

> É como se, na impossibilidade de se sentir dono da vida, o sofrimento intenso conduzisse o espectador à escolha de alimentar o projeto de dominar a morte, decidindo, se possível, fixar soberanamente sua hora. É uma retomada frenética do sentimento de onipotência, quase seguindo a atitude comportamental das

---

[4] Cf. também SANDRIN, L. *Come affrontare il dolore*. Capire, accettare, interpretare la sofferenza. Milano: Paoline Editoriale Libri, 2002. [Ed. bras.: *Como enfrentar a dor*: entender, aceitar e interpretar o sofrimento. São Paulo: Paulinas, 1998.]

crianças em relação a um objeto que não podem fazer funcionar, conforme sua vontade: chegam a quebrá-lo para ficarem donos dele, um comportamento geralmente revelador de um mal-estar profundo.[5]

A outra atitude consiste em desviar a atenção, e sobretudo a agressividade, para outros, para o médico "responsável" por aquilo que acontece ou para o sistema e quem o dirige.

Aqueles que, sob vários títulos profissionais, trabalham no âmbito geriátrico expressam muitas vezes uma *experiência de abandono*, igualmente dolorosa como a dos idosos de quem cuidam: não são valorizados, não são amados, trabalham nos piores locais, com os doentes mais desvalidos. Isso é frequente e verdadeiro, e uma modificação do quadro ou dos meios mudaria muito pouco essa percepção depressiva da situação que, ao receber um idoso doente, mais ou menos dependente, faz sempre despontar um sentimento de injustiça e de agressão em uma equipe que, no entanto, está ali para receber justamente esse tipo de paciente. Aquele que é encarregado de negociar um pedido de admissão tem muitas vezes a impressão de estar pedindo à equipe médica um favor pessoal ou uma exceção à regra.

É certo, porém, que quem trabalha em geriatria nem sempre tem um treinamento conveniente (ou está preparado para outros âmbitos de cuidados).

Um fator de estresse profundo pode ser também a dependência do idoso que necessita de uma assistência ilimitada.

A dependência é uma característica intimamente associada à pessoa idosa, no imaginário coletivo, com o natural declínio intelectual, as doenças e a falta de recursos econômicos.[6]

---

[5] PLOTON, cit., p. 12. Sobre a relação entre sofrimento daquele que cuida e pedido de eutanásia, cf. La souffrance des soignants. In: ABIVEN, M.; CHARDOT, C.; FRESCO, R. *Euthanasie*. Alternatives et controverses. Paris: Presses de la Renaissance, 2000. pp. 167-188; e Les soignants face à la mort et au deuil. In: BACQUÉ, M.-F. *Le deuil à vivre*. Paris: Odile Jacob, 1992. pp. 207-230.

[6] Para uma síntese sobre a psicologia do envelhecimento, cf. SANDRIN, L. Lo sguardo della psicologia. In: CARETTA, F.; PETRINI, M.; SANDRIN, L. *Il valore di una pre-*

Isso acarreta falta de perspectiva futura (e, portanto, de esperança), que estrutura as relações e as transforma muitas vezes em uma profecia que se autorrealiza: a convicção da dependência do doente (uma espécie de profecia sobre sua vida), o que o levará a agir de modo "condicionado" a isso (mesmo sem que percebamos) e a se comportar como "esperamos".

A dependência (real ou vivida como tal) pode se tornar uma verdadeira armadilha aos parceiros na relação de assistência, especialmente quando essa necessidade incide em quem cuida do idoso, que tem "a necessidade de ser necessário", entrando num círculo vicioso "de reforços recíprocos" sem fim.

Há uma assistência que cria dependência e outra que ajuda, porque permite que a pessoa expresse o grau de autonomia conseguido (mesmo que limitado) e encontre o ambiente para agir, o que leva o outro a saber se retirar no momento oportuno. E isso vale também para os familiares. Um conhecimento mais profundo e uma satisfação adequada das próprias necessidades permitem ajudar melhor as pessoas idosas, impedindo que a sua dependência seja usada para satisfazer motivações muitas vezes "não ditas" e, certamente, não altruístas.

A necessidade de ser ajudado pode se tornar cada vez mais exigente e insolúvel e "aprisionar" a relação de ajuda, reabilitação e cuidado.

Se uma assistência geriátrica deve respeitar a subjetividade do paciente e estar atenta para a manutenção de uma boa qualidade de vida, o princípio fundamental é o reconhecimento de sua autonomia, sempre "possível", também na presença de uma dependência que permanece. O benefício não será somente para o paciente, mas também para quem cuida dele.

Se se admite que a geriatria é significativa por aquilo que ela tem de mais original, isto é, *uma relação terapêutica fundamentada na extrema vulnerabilidade psíquica própria das pessoas idosas*, torna-se importante

---

senza. Educarsi all'anzianità. Milano: Paoline Editoriale Libri, 2002. pp. 72-97. Cf. também SANDRIN, L. Autonomia y dependencia. Perspectiva psicológica, e Cuidar-se para cuidar. In: BERMEJO, J. C. (Org.). *Cuidar a las personas mayores dependientes*. Santander: Sal Terrae, 2002. pp. 11-31, 137-158.

centrar a atenção e perceber os desejos dos que delas cuidam, e, portanto, também as possíveis satisfações, não mais sobre a "cura", mas sobre o estudo do *conteúdo relacional cuidador-cuidado e sobre a responsabilidade do problema crucial da angústia de morte* que ocorre nos parceiros da relação. Os progressos obtidos terão por dúplice efeito permitir aos que cuidam consumir menos energia ao fazer frente à pressão emocional, à qual são submetidos, mas também ter alguma satisfação no trabalho (oxigenando a autoestima) como em qualquer âmbito profissional, na convicção "provada pelos fatos" de que uma relação pode ser verdadeiramente terapêutica mesmo sem curar. Para alcançar esse objetivo, é importante não somente rever a qualidade de cada relação, mas também a *qualidade relacional dos serviços para com os idosos* no seu conjunto:

> Trata-se de levar em conta o conjunto de suas relações vitais (com os familiares, mas também com outros sujeitos significativos) e de como elas podem "começar a fazer parte" do objeto de trabalho, tanto como fatores que interferem ao determinar a condição específica de necessidade do usuário, quanto como recursos que devem ser valorizados e utilizados ao preparar respostas adequadas às mesmas necessidades e, em cada caso, como interlocutores que são da organização: como elementos que interferem ativamente ao determinar a forma e o significado da relação entre o serviço e o usuário.[7]

Será particularmente importante monitorar o próprio ideal de cuidador: o ideal terapêutico de curar e permitir ao doente sair do hospital, válido em muitos âmbitos da saúde, mas que, se tornado absoluto, pode se revelar na geriatria uma armadilha, levando à frustração, à ruína da autoestima e ao *burnout*.

"Você quer dançar comigo?"

Também os voluntários devem ter certa atenção no modo de entrar numa relação, especialmente os jovens que querem ajudar os idosos doentes ou com deficiência.

---

[7] TAMANZA, G. *Anziani*. Rappresentazioni e transizioni dell'ultima età della vita. Milano: Angeli, 2001. p. 141.

É o caso de Luiz, um adolescente cheio de entusiasmo e vitalidade. Certo dia, um amigo lhe propõe fazer uma experiência de voluntariado numa comunidade de idosos doentes e com deficiências. Num primeiro momento, o convite não o entusiasmou, mas depois, vencido pela curiosidade, aceitou.

O impacto foi logo festivo. Luiz, hábil violonista, toca, canta, joga cartas, lava-os, consola, brinca com eles: em suma, *sente-se um deles*. Também com a equipe dos voluntários as coisas funcionam bem, e o primeiro ano de trabalho passa sem problemas. Está tão envolvido em seu "novo trabalho" que começa a descuidar das tarefas escolares, dos *hobbies*, da companhia dos amigos e de tudo aquilo que antes o interessava.

Aos poucos, porém, as coisas começam a não funcionar mais como antes, o clima fica tenso com os idosos e com os outros voluntários. Luiz sente que tem sobre os ombros um grande peso, muitas coisas a fazer, e a sensação de que os outros não o compreendem, nem o apoiam. Logo começam as discussões: "Mas por que *você* não cuida dele?"; "Por que *você* não o leva para o banho?"; "Aqui sou *sempre eu* que tenho que fazer a barba...!"; "Aqui todos devem trabalhar juntos e não somente eu" etc.

Psicológica e fisicamente Luiz se sente provado e, portanto, decide "dar o fora" e livrar-se do problema. Numa tarde, depois de uma discussão bem acirrada com os outros voluntários, deixa todo mundo falando sozinho e vai embora.

Mas, logo que saiu da sala de reuniões, encontrou Teresa, uma idosa com deficiência, que tinha consigo um rádio em que tocava uma música clássica. Luiz, cheio de raiva, passou diante dela indiferente. Encarando-o, ela perguntou: "Quer dançar comigo?", presenteando-o com um sorriso. Ele fingiu que não percebeu nada e fez que ia embora, mas, voltando-se, viu que Teresa ainda lhe sorria. Aproximou-se dela e com ar de suficiência lhe disse: "O que você quer fazer? Não vê a que está reduzida?". Teresa não se deu por vencida e lhe disse: "Não tenha medo, venha dançar comigo!". Agarrou no pescoço dele e, levantando-se da cadeira de rodas, começou a dançar.

Mas Luiz, aborrecido, desvencilhou-se dela e foi embora.

Ficou fora do ambiente de voluntariado por seis meses. Pediu conselho a muitas pessoas sobre como sair dessa forma de estresse, mas as únicas coisas que ouviu dizer foram: "Você é grande e forte, se vire sozinho".

Conseguiu refletir alguns bons momentos sobre si. Sentiu-se triste. Nessa sua tristeza veio-lhe à mente Teresa, o seu sorriso e a dança com ela. Sentiu como se fosse um convite para voltar. Pensou um pouco a respeito e aos poucos compreendeu que a fraqueza dela podia ajudá-lo a se curar. Voltou ao voluntariado, partindo desta vez com os pés no chão e ocupando-se somente do entretenimento com cantos e música.

Reencontrou Teresa e, como que retomando um diálogo antigo, perguntou: "Quer dançar comigo?".

AJUDAR SEM SE ESGOTAR

Além das aparências

Mário tinha começado, há pouco tempo, a trabalhar como enfermeiro no setor de reanimação, justamente o local que lhe causava um pouco de medo. Observava o comportamento dos demais profissionais: alguns muito disponíveis, outros um pouco menos. Entre eles, chamou-lhe a atenção Carlos, um enfermeiro um tanto intolerante e cínico. Era realmente antipático e frio. Fazia o trabalho com muita distância e se limitava ao mínimo indispensável.

Certo dia, enquanto os outros se compadeciam do sofrimento de uma menina muito doente, começou a chamar a atenção de todos, acusando-os de sofrer de "mãezite aguda" e lembrava-os do juramento de Hipócrates para o qual todos os pacientes são iguais.

Na discussão que se seguiu, outro enfermeiro lhe perguntou por que tinha escolhido aquele trabalho. Depois de alguns instantes de silêncio, ele respondeu: "Porque tenho um coração de pedra!".

Um vizinho de Mário, sabendo que ele trabalhava naquele setor, lhe perguntou se ainda estava lá um enfermeiro muito valente, gentil e disponível, que havia conhecido alguns anos antes, quando havia sido internado. Foi preciso um tempo para compreender que o enfermeiro de quem falava era Carlos, justamente o mesmo que Mário achava antipático pela atitude fria e irritante. De repente, se viu como num espelho e aquilo o fez refletir: compreendeu ao encontro de quê podia ir e pensou que talvez não existissem pessoas más, mas somente cansadas e desiludidas.

Uma série de motivos leva quem trabalha nesses setores a sofrer e a se defender, até a cair num verdadeiro *burnout*, especialmente pela falta de previsibilidade e controle, pela visão que tem de como o doente vive e o contato com a ansiedade dos familiares.

Outro setor de risco é certamente o psiquiátrico. Uma série de fatores, radicados na natureza da doença mental e do seu tratamento, pode influir na relação entre profissional da saúde e paciente: os comportamentos imprevisíveis e agressivos, a não adesão ao tratamento que o doente pode ser "obrigado" a se submeter, a carga de trabalho e o corte de pessoal, os riscos inerentes ao relacionamento empático, que muitas vezes leva ao contágio emocional, a falta de reconhecimento social, a percepção gradual de que muitos pacientes têm pouca possibilidade de cura e de ressocialização (e a frustração das expectativas irrealistas sobre esse tipo de trabalho).

O processo de humanização no âmbito da saúde (que não é somente uma questão ética) não atinge seus objetivos se não for dada mais atenção ao profissional da saúde e a seu reconhecimento como pessoa. O aumento de doenças crônicas e incuráveis (ligadas ao prolongamento da vida) exige desses profissionais o desempenho de funções não somente técnicas, mas também de caráter emocional, como enfrentar constantemente a realidade do sofrimento, a ameaça da morte e a lembrança que isso traz de situações pessoais emocionalmente fortes. Dessa forma, a distância e o controle dos sentimentos na relação representam uma defesa psicológica importante, mas podem também ser sinal de *burnout*. Uma psicóloga escreve:

> A primeira instituição que deve ser humanizada é o hospital, e a parte mais importante do processo de humanização é constituído pela qualidade das relações interpessoais e pelo estilo de comunicação que os profissionais da saúde praticam. As relações entre os membros da equipe médica são um dos fatores fundamentais no processo de humanização das estruturas hospitalares, as quais estão substituindo cada vez mais o grupo familiar na administração dos acontecimentos cruciais da vida. A qualidade e o tipo de relações que se desenvolvem ao redor do paciente assumem uma função terapêutica fundamental. Condição básica do processo de humanização é a constituição de um clima emocional em condições de permitir o desenvolvimento de relações interpessoais tais que acolham, reconheçam e valorizem o outro: isso vale, mais que para o paciente, para todos os profissionais de saúde. São eles que cotidianamente devem promover e

favorecer o processo de humanização. Isso será tanto mais possível quanto mais eles se sentirem reconhecidos e valorizados como pessoas. A humanização passa por todas as relações interpessoais na instituição, tanto em sentido horizontal como vertical.[1]

Se o objeto do trabalho na área médico-sanitária é a saúde, esta não é somente a do doente e de seus familiares, mas também a dos vários profissionais e, em última análise, a da organização enquanto tal, isto é, seu modo de funcionar, o significado que tem para quem trabalha nela e o espaço no qual permite aos indivíduos, cada um ou em grupo, exercer a responsabilidade pela própria saúde.

Como a integridade psicológica do indivíduo, e, portanto, a saúde mental

> reside no reconhecimento e no acordo harmonioso das diversas instâncias psíquicas, a integridade psicológica de uma organização (a sua saúde e bem-estar psicológico) exige o reconhecimento, a expressão, o confronto, a concordância (ou, pelo menos, a compatibilidade) entre os diversos componentes e os interesses profissionais e sociais que nela convivem.

Uma nova cultura, também no âmbito da saúde, não pode ser, portanto, senão "o resultado de uma experiência compartilhada".[2]

Mesmo o *burnout* de um único enfermeiro inclui uma série de fatores, não somente pessoais.

Um olhar panorâmico

Não se pode cuidar, nem sequer se prevenir, daquilo que não se conhece e de que não se fala. Para a cura do *burnout* é, portanto, importante conhecê-lo, e sua prevenção começa com o falar dele já no momento formativo.

---

[1] ANNUNZIATA, M. A. L'umanizzazione della medicina. In: MORASSO, G. (Org.). *Cancro: curare i bisogni del malato. L'assistenza in fase avanzata di malattia*. Roma: Il Pensiero Scientifico, 1998. p. 225.

[2] NOVARA, F.; SARCHIELLI, G. *Fondamenti di psicologia del lavoro*. Bologna: Il Mulino, 1996. pp. 323-324.

Se alguém tivesse me falado abertamente de um conflito de valores, de um *burnout* que leva ao precipício, se alguém tivesse me falado da dificuldade que encontra um cuidador, servir-me-ia de guia na travessia desse vale.[3]

É esse o desabafo amargo de uma enfermeira no início de seu livro no qual descreve o próprio sofrimento como profissional geriátrica (seu *burnout*) e como conseguiu sair dele.

No *burnout*, os fatores em jogo são muitos e diversos, interessam as pessoas e o contexto nos quais elas trabalham e vivem. As estratégias para resolvê-lo ou preveni-lo devem focalizar-se *ao mesmo tempo* no indivíduo, no contexto de trabalho e nas relações interpessoais. São aspectos que podem ser distintos, mas não separados, uma vez que o indivíduo se expressa em suas relações e se revela no ambiente em que trabalha.

Há também causas socioeconômicas e político-culturais que devem ser levadas em consideração. Apesar de ser mais difícil incidir sobre elas, não podem ser esquecidas. A abordagem não pode senão se referir a todo o *sistema*, mesmo se, de vez em quando, possam ser focalizados aspectos particulares.[4]

Se há *fatores individuais* em jogo, é sobre estes que é preciso trabalhar. É importante "se querer bem", cuidar da própria saúde em suas várias dimensões e expressões: corpo, mente e espírito. É indispensável melhorar o conhecimento de si, em todos os âmbitos, conhecer os próprios pontos fortes e os lados mais fracos e vulneráveis.

No papel que os vários acontecimentos da vida têm sobre o estresse, uma atenção especial é hoje colocada no modo como cada um avalia aquilo que lhe está acontecendo.[5]

---

[3] DANIS, M. *Survivre aux soins*. Défi du soignant. Montreal: Médiaspaul, 2001. p. 16.

[4] Cf. uma síntese em GIL-DEL MONTE, P.; PEIRÓ, J. *Desgaste psíquico en el trabajo*: el síndrome de quemarse. Madrid: Sintesis, 1997. pp. 97-121.

[5] VERGARA, F. C. Il modelo biopsicosociale nella prevenzione e promozione della salute. In: Id. *La promozione del benessere nella famiglia, nella scuola e nei servizi*. Dal caso alla rete. Milano: Angeli, 2001. pp. 27-45.

Lazarus distingue dois tipos de avaliação: uma *primária*, relativa ao ambiente, aos acontecimentos da vida e ao significado de ameaça ou dano que a esses são atribuídos pelo sujeito; e uma *secundária*, que considera os recursos que o indivíduo pensa ter (ou com os quais pode contar) quando *enfrenta* a situação. Se há estratégias que são focalizadas sobre a resolução do problema, há também outras que trabalham sobre o controle e a elaboração das emoções. Ambas são importantes e não estão separadas. Então, se pode ser "psicologicamente arriscado" insistir sobre a solução de problemas impossíveis de serem resolvidos como nós gostaríamos (e isso leva a um acúmulo de estresse e ao *burnout*), é igualmente perigoso atuar somente na vertente emotiva, com estratégias muitas vezes apenas paliativas, sem focalizar e trabalhar na causa do problema.

Ligado a isso e em relação à vulnerabilidade do sujeito diante dos acontecimentos estressantes é, segundo Rotter, o crer ou não que pode influenciar o curso dos acontecimentos da própria vida, isto é, *onde está o local de controle da situação*. Os sujeitos que têm um *lugar de controle interno* são mais propensos a avaliar positivamente as próprias capacidades, enfrentar os acontecimentos estressantes da vida e considerar que podem, em grande parte, controlá-los, enquanto os sujeitos com *lugar de controle externo* tendem a se desresponsabilizar, atribuindo ao acaso ou a outras pessoas tudo aquilo que acontece.

Os primeiros reagem melhor às situações, mas estão mais expostos à desilusão diante de acontecimentos incontroláveis; os segundos correm o risco de permanecer passivos perante problemas solúveis e de se tornarem vítimas daquela que Martin Seligman denominou "impotência aprendida": se você *aprende* por uma série de experiências de vida que, não importa o que faça, você é "impotente" para influenciar resultados (porque você não tem controle sobre eles), mesmo que a situação mude, e lhe sejam dados espaços de manobra, seu comportamento será passivo e conformado. O indivíduo repetirá de si para si: "Por mais que eu faça, a situação não se altera".

Mas, assim como a impotência, o otimismo e o sentimento de iniciativa que disso resulta podem ser aprendidos. O otimista autêntico, segundo Seligman, não é um iludido ou um irresponsável. Ao contrário, é uma pessoa aberta à esperança (que sabe encontrar as causas muitas vezes temporárias e específicas daquilo que não está bem) e tem coragem de mudar.[6]

O *sentido de eficácia pessoal* também é um recurso importante para enfrentar os problemas e as mudanças da vida. A capacidade de exercer controle sobre os acontecimentos que dizem respeito à própria vida e a experiência da eficácia da própria ação têm um influxo significativo, segundo Albert Bandura, sobre o bem-estar psicológico, a realização pessoal e a direção que a vida pode tomar. As convicções de eficácia pessoal influem em todos os elementos de um projeto de mudança pessoal: levar em consideração a ideia de mudar os próprios hábitos relevantes para a saúde; ter a motivação e a perseverança necessárias para mudar, caso se decida a fazê-lo, além da constância com a qual são mantidas as mudanças de hábitos obtidas.[7]

Às vezes o profissional de saúde precisa de um acompanhamento psicológico personalizado. Um fator importante diz respeito, portanto, à sensibilização dos responsáveis, formação e capacidade de atenção e de análise. Outras vezes são os chefes que estão em *burnout* e isso, além de ser psicologicamente "contagioso", significa que os profissionais não terão a ajuda de que precisam.

O *burnout* pode ser lido também como crise espiritual, de sentido, de objetivo, de conexão e, como tal, deve ser tratado. Uma crise espiritual pede soluções espirituais que reforcem nosso "eu" e não o enganoso aumento do ritmo de trabalho.

---

[6] Cf. SELIGMAN, M. *Imparare l'otimismo*. Come cambiare la vita cambiando il pensiero. Firenze: Giunti, 1996. [Ed. bras.: *Aprenda a ser otimista*. 2. ed. Rio de Janeiro: Nova Era, 2005. Orig. em inglês, 1990.]

[7] BANDURA, A. Il senso di autoefficacia personale e colletivo. In: Id. (Org.). *Il senso de autoefficacia*. Aspettative su di se e azione. Trento: Erickson, 1996. pp. 13-69. [Orig. em inglês, 1995.]

Na revista médica *Nursing Standard* (março/2003), Stephe Wright escreve:

> Não é um momento para tirar férias, mas de dar-se um tempo pleno, para refletir e renovar-se, e permitir que as profundas necessidades de significado e objetivo reapareçam e encontrem verdadeira expressão no próprio trabalho.

Dar respostas efetivas ao *burnout* significa que devemos voltar atrás para trabalhar, mas não "voltar atrás simplesmente". Aconteceram algumas mudanças profundas em nossa vida e é preciso estar conscientes delas, porque nos dão a possibilidade de olhar por meio de nossas ilusões. Devemos expressar na nossa vida, no trabalho e no repouso um novo modo de estar no mundo, que não nos prejudique mais e ao mesmo tempo nos torne mais hábeis em servir os outros.

A experiência do *burnout* pode ser um momento de crise e, portanto, também um encontro com a verdade.

Mas há também *fatores sociais* e organizativos que devem ser avaliados e sobre os quais incidir. Muito frequentemente é preciso definir tarefas e papéis, modificar o ambiente ou o próprio *modo de trabalhar*. Isso quer dizer, sobretudo, aprender a trabalhar melhor. Um profundo estresse no trabalho diminui quando se dá continuidade a uma formação que nos torne competentes, capazes de administrar as novas situações e as diversas relações; quando aprendemos a trabalhar juntos; quando revemos o modo pelo qual as decisões são tomadas e as comunicações, efetuadas; quando estamos convencidos de que a capacidade de liderança age efetivamente sobre os resultados e, portanto, sobre o *burnout*.

Mas, às vezes, é preciso agir diretamente sobre as escolhas político--organizativas no campo dos serviços sociais e de saúde.

A competência relacional

Num tipo de trabalho que encontra sua expressão privilegiada na relação, é importante trabalhar a *competência relacional e comunicativa* na qual estão compreendidos recursos cognitivos, afetivos e comportamentais.

Na relação de ajuda e de cuidado são envolvidas as emoções de quem ajuda e cuida e as de quem é ajudado e cuidado.[8]

> Na condição humana está radicada a exigência que nasce, e remonta, dos abismos do coração, que pretende sentir o sofrimento do outro como o próprio e reviver as esperanças e o desespero do outro como nossas próprias esperanças e desespero.

No encontro com o outro (por meio de nossas palavras, da linguagem do nosso corpo e do silêncio), na relação com ele, é necessária uma *atenção humilde* que saiba colher os significados e os valores que transcendem aquilo que se vê. Sem a busca dos sentimentos escondidos na interioridade dos *outros*, também o nosso interior tende fatalmente a definhar e se apagar.

Não vale somente para o médico, mas para qualquer pessoa que se coloca em posição terapêutica (de serviço e de ajuda), mesmo que em modos diversos, aquilo que Eugenio Borgna escreve:

> No contexto do colóquio, da situação emocional que une e às vezes separa médico e paciente, assume radical importância a capacidade do médico de captar o instante no qual seu tempo interior e o do paciente estejam sincronizados, e o momento em que a distância e a proximidade, a abertura e o bloqueio das próprias emoções e de sua expressão estejam reciprocamente harmonizadas ou dissonantes.

O abrir-se e o fechar-se estão interrelacionados, se alternam e são ambos importantes, como a diástole e a sístole do ritmo do coração. Se o fechar-se em si mesmo impede a comunicação, o abrir-se sem medida torna confuso, problemático (para ambos os parceiros) e difícil o encontro, se não impossível a ajuda.

Para melhorar a relação de ajuda e de cuidado, é preciso passar de um modelo terapêutico *centrado na doença* (no distúrbio e no déficit), que se torna facilmente *centrado no terapeuta ou na estrutura,* para um modelo

---

[8] Cf. BORGNA, E. *Noi siamo un colloquio*. Gli orizzonti della conoscenza e della cura in psichiatria. Milano: Feltrinelli, 1999. pp. 185-204, também para as anotações seguintes.

centrado na pessoa que pede ajuda e atento aos vários fatores biopsicossociais que influenciam o mal-estar e o sofrimento, a saúde e o cuidado.

Na medicina centrada no paciente (para falar do âmbito da saúde), *a relação se torna um momento do processo de cuidado*, que tem como protagonista o doente. Está atenta para captar os significados que são dados à doença, aos *sentimentos* por ela gerados, às *expectativas* e aos *desejos* com os quais o doente se dirige ao médico e à instituição de saúde, ao contexto familiar, social e cultural no qual está inserido.

A competência relacional e comunicativa não é, portanto, uma *opção*, mas parte integrante da competência clínica.

> A comunicação, e consequentemente o colóquio clínico, em sua acepção mais ampla, constitui o elemento no qual se fundamenta uma relação na qual a "crônica" da patologia pode levar em conta a experiência subjetiva, as emoções e as defesas psíquicas. Podemos, então, indicar uma estrutura hierárquica para a qual o *saber ser* (relação) influencia o *saber fazer* (comunicação e gesto terapêutico), e ambos influenciam o *saber* (informações médicas de base). Ou ainda: um médico que não sabe interagir com o paciente diminui ou distorce seu patrimônio cultural que, embora bem aprendido nos livros (em que se definem as doenças), produz menos fruto na prática (em que existem os doentes na sua individualidade e diversidade). As capacidades relacionais e comunicativas da dupla médico-paciente constituem uma premissa indispensável para o exercício do ato médico na inteireza da dimensão profissional e ética, e não um simples apêndice dele. Isso implica a necessidade de uma passagem de um paradigma puramente biomédico para um biopsicossocial no qual, junto da doença, entendida em sentido biológico, encontrem espaço o ser doente e seu ambiente.[9]

---

[9] GRIECO, A.; LINGIARDI, V. Il guaritore ferito. Introdução a GADAMER, H.-G. *Dove si nasconde la salute*. Milano: Cortina Raffaello, 1994. pp. XV-XVI. [Ed. bras.: *O caráter oculto da saúde*. 2. ed. Petrópolis: Vozes, 2011. Orig. em alemão, 1993.] Cf. também MOJA, E. A.; VEGNI, E. *La visita medica centrata sul paziente*. Milano: Cortina Raffaello, 2000.

Na relação de ajuda e de cuidado, os dois (ou mais) parceiros são como *companheiros de viagem* na qual os papéis de quem guia e de quem é guiado não são fixados uma única vez.[10]

Uma formação humanista mais atenta para os vários profissionais da saúde não deve se reduzir a ensinar *técnicas relacionais* para convencer o doente a aceitar o tratamento e consentir com ele, mas sim ajudar a *saber estar em relação*, atentos (também por meio de um diagnóstico cuidadoso) à inteireza experiencial e comunicativa do doente, além de compreender os aspectos simbólicos do sintoma, sem fugas, mas também sem indevidas "com-fusões". A pessoa-cuidadora é o fármaco principal e o que desenvolve sua força terapêutica *na* relação.

Uma relação que seja realmente terapêutica (que ajude a pessoa a crescer, mesmo sem necessariamente "resolver" o seu problema), nos lembra Spinsanti,

> exige que se escute não somente aquilo que é preciso ser obrigatoriamente escutado (muitas vezes se trata de uma soma de sintomas que serve de fachada para a verdadeira causa do mal-estar, impedindo que a pessoa se restabeleça em profundidade), mas também e, sobretudo, o que foi subtraído da comunicação. Pode-se, em outras palavras, usar a própria competência em cuidar para "manter à distância" aquilo que é verdadeiramente importante.[11]

Não é fácil, porém, educar os profissionais sociais e de saúde a estarem atentos à vertente emocional do seu relacionar-se com o doente e com seus familiares. Certa "desestima" pelos aspectos psicológicos na relação de cura e a sobrecarga de trabalho (não somente em sentido físico, mas também emocional) criam barreiras e defesas, mesmo inconscientes, que os impedem de estar disponíveis para desenvolver *atenções relacionais* (no âmbito informativo, mas especialmente no emocional), as quais são

---

[10] É uma ideia que, como um "fio condutor", liga os vários capítulos do meu livro sobre a psicologia do doente. Cf. SANDRIN, L. *Compagni di viaggio*. Il malato e chi lo cura. Milano: Paoline Editoriale Libri, 2000.

[11] SPINSANTI, S. L'ascolto nella pratica sanitaria. Gli interrogativi fondamentali. In: VV.AA. *L'ascolto che guarisce*. Assisi: Cittadella, 1989. p. 21.

vividas mais como *perturbadoras do percurso terapêutico*. O *burnout* é o símbolo dessas dificuldades, mas se torna uma causa agravante delas.

Seriam mais bem avaliadas, e levadas em consideração, também todas aquelas "barreiras comunicativas", não somente linguísticas entre operadores (sociais e de saúde) e pessoas necessitadas de ajuda, de culturas diversas (e suas famílias), mas também entre os próprios representantes de *culturas profissionais diversas*, que tornam difícil a comunicação nos vários níveis, impedindo um efetivo (e eficaz) *tratamento holístico multidisciplinar*, acumulando estresse sobre estresse e contribuindo para o *burnout*.[12]

No campo da ajuda às pessoas, a psicologia (como psicologia social e de comunidades) precisa estar atenta para não reduzir o interesse pelo indivíduo isolado do seu ambiente, quase esquecendo que pensamentos, sentimentos e comportamentos das pessoas são continuamente influenciados pelos outros (sejam esses presentes ou somente imaginados) e pelas relações com eles. Há uma interação contínua entre a esfera individual e a coletiva, entre a psicológica e a social e é importante, portanto, intervir nos nós relacionais que medeiam as passagens de umas para as outras e nas influências recíprocas.

As relações interpessoais são a principal fonte de *burnout* no trabalho com o doente, com o idoso dependente, com o jovem em dificuldade, mas também com seus familiares e colegas. Por isso, é preciso saber administrá-las e controlá-las. É importante, para este objetivo, aprender a dialogar com os outros, de modo correto e satisfatório (com todos os componentes da relação), sem se identificar com eles, nem renunciar às suas riquezas emotivas (e espirituais). Para isso, são importantes uma adequada supervisão e reuniões periódicas que ajudem cada um a avaliar o próprio trabalho, que permitam expressar e elaborar emoções e defesas, e proporcionem-lhes assistência para o crescimento.

Devem ser criados verdadeiros *espaços de conversas* nos quais o cuidador tem a ocasião de se auto-observar, focalizando e fazendo emergir

---

[12] Cf. KREPS, G. L.; KUNIMOTO, E. N. *Effective Communication in Multicultural Health Care Settings*. Thousand Oaks/London/New Delhi: Sage, 1994.

aquilo que, no seu comportamento e vivência interior, o está pondo em perigo. O profissional de saúde pode, então, tomar consciência de um apego excessivo a um doente, refletir sobre a melhor maneira de trabalhar, aliviar-se de um sentimento doloroso que permanece depois que um paciente entra em coma ou após sua morte.

Os temas dessas mudanças são inumeráveis. Uma atitude importante é compartilhar com os colegas certas experiências que, mesmo acontecendo com doentes diferentes, são comuns e em grande parte semelhantes, mas também dar palavra a experiências emocionais que não são simples de se expressar. O grupo se torna um ambiente acolhedor, empático, de apoio, lugar de identificação e elaboração. Quando essa troca de experiência é plenamente desenvolvida, a ponto de oferecer espaço e condições suficientes para se expressar, permite que sejam descobertos os preâmbulos do *burnout* antes que este afete o cuidador.[13]

Nos setores ou serviços nos quais foram realizadas essas reuniões periódicas "direcionadas", o *burnout* diminuiu sensivelmente.

> Por meio de encontros entre os envolvidos, facilitam-se a distensão emotiva e a discussão dos problemas profissionais; secundariamente, o confronto entre pessoas proporciona para cada indivíduo um *feedback* sobre seu trabalho, informações técnicas ou conselhos práticos; além disso, favorece o importante sentido de pertença a um grupo ao enfrentar conflitos e tensões. O grupo pode, portanto, ser um recurso fundamental para o indivíduo, sobretudo na delicada fase da "socialização profissional".[14]

Por outro lado, o excesso de conversas, análises e encontros entre os cuidadores, no trabalho e fora dele, é um sinal evidente de *burnout*.

---

[13] AYOUCH-BODA, A. Le syndrome d'épuisement professionnel ou burnout. In: HEFEZ, S. (org.). *Sida et vie psychique*. Approche clinique et prise en charge. Paris: La Découverte, 1996. p. 298.

[14] SANTINELLO, M.; FURLOTTI, R. *Servizi territoriali e rischio di burnout*. Fattori di stress lavorativo negli operatori sociosanitari. Milano: Giuffrè, 1992. p. 40.

Pedidos e recursos

Cary Cherniss identifica o ponto forte do estresse e do *burnout* na diferença que existe entre as exigências às quais o indivíduo é submetido e os recursos de que pode dispor. As expectativas, por parte do ambiente ou internas à pessoa, são muitas vezes exageradas: o indivíduo espera muito de si mesmo ou os outros esperam muito dele. E Freudenberger, o primeiro a introduzir o termo *burnout* na sua acepção atual, afirma que chega a *se esgotar* toda vez que o nível das expectativas supera muito a realidade e a pessoa insiste em tentar atingir ideais impossíveis.

Quando esse conflito profundo, no âmbito da autoimagem e da identidade profissional, supera certo limite, desencadeia no indivíduo, de modo mais ou menos consciente, uma série de defesas que podem expressar-se pela linguagem do corpo e desembocar em distúrbios psicossomáticos, ou tomar o caminho comportamental, com atitudes agressivas ou de desinteresse e fuga.

Prevenir o *burnout* quer dizer, então, trabalhar sobre os próprios ideais, sobre expectativas e perguntas que outros têm ou que nós mesmos cultivamos quanto ao nosso trabalho. Quer dizer definir melhor o próprio papel, "negociá-lo" com aqueles com os quais e pelos quais trabalhamos, sabendo também adaptá-lo às várias circunstâncias. Quanto mais rígidos forem os modelos de comportamentos oferecidos no curso de formação, mais alto será o risco de estresse e maiores as probabilidades de *burnout*.

Uma definição mais clara da própria função, com objetivos mais realistas, é um passo essencial para administrar as várias exigências, prevenir tensões e *burnout* e reforçar uma identidade realista e a autoestima.

Para que o ideal não seja uma fonte de frustração e fracasso, embora se continue olhando para ele, é fundamental ter objetivos intermediários (mais modestos, mas concretos), que possam efetivamente ser atingidos. Além de serem "monitorados", ou seja, programados, avaliados, revistos, e cuja consecução seja fonte de satisfação pessoal e profissional.

Intervenções de caráter formativo, almejadas e adequadamente "motivadas" (e preparadas), devem incidir sobre os âmbitos organizativos, interpessoais e individuais.

> Na perspectiva sistêmica própria da psicologia de comunidades, a intervenção formativa com os indivíduos e os grupos não pode prescindir de um processo substancialmente coerente de mudança conjunta nem deve absolutamente ser entendido como simples transmissão de conhecimentos. Ao contrário, a formação pode agir diretamente sobre o sentimento de confiança ligado a uma fraca avaliação do próprio nível de conhecimento e de habilidade e se tornar um instrumento ativo que ajude o profissional a preencher a distância entre objetivos e recursos, tanto com o aumento dos conhecimentos e o desenvolvimento de comportamentos eficazes, como pela melhor compreensão dos próprios objetivos e maior capacidade de autoavaliação do próprio trabalho. A mesma realidade na qual o profissional trabalha se modifica em consequência do experimento de novas habilidades adquiridas e da consolidação dos recursos positivos.[15]

Fundamentalmente, é defender a própria capacidade de pensar e manter uma distância suficiente para não ser prisioneiro da situação, para dominá-la intelectualmente e confrontá-la com conhecimentos científicos mais amplos, procurando os caminhos para uma adaptação satisfatória e eficaz. O bombardeio de informações e emoções acaba neutralizando, totalmente ou em parte, a capacidade de pensar e obriga a amparar-se nos automatismos sem nunca ter a segurança de haver escolhido bem. O pensar ajuda a se separar, a restituir uma lógica para a situação, a confrontá-la com esquemas mais gerais, a situar melhor a si mesmo e a própria ação. E leva a se organizar (como indivíduos e como grupo) de modo coerente para fazer-lhe frente, descobrindo recursos e reencontrando certo controle da situação.

Mas é importante definir também a missão da organização em seu conjunto, os escopos que a caracterizam.

---

[15] VOLPI, C.; GHIRELLI, C.; CONTESINI, A. Il burnout nelle professioni di aiuto. Modalità di intervento ed esperienze di prevenzione. In: FRANCESCATO, D.; LEONE, L.; TRAVERSI, M. *La psicoterapia*. Percorsi innovativi di psicologia di comunità. Roma: NIS, 1997. p. 373.

Diante de um problema, pode-se fechar os olhos (banalizá-lo), fugir ou *enfrentá-lo* de vários modos resumíveis, como já vimos, em "estratégias de *enfrentamento*", focalizando atenção e empenho para mudar a situação profissional, aumentar a competência relacional, procurar apoio social, administrar do melhor modo as emoções, elaborá-las "no nível cognitivo", reencontrar um *sentido* para o próprio trabalho, redescobrir seu valor.

Aquele que escolheu uma profissão social ou de saúde poderá se deparar com muito sofrimento, como sentir-se vencido, com a sensação de perder continuamente a partida, ver quebrar-se a imagem de "médico onipotente", de guerreiro invencível, de solucionador de problemas.

O profissional da área social e de saúde escolheu esse trabalho para cuidar, curar ou resolver os problemas. Um fator que facilita o aparecimento do *burnout* é certamente o conflito entre a imagem que temos de nós como "médicos" e "cuidadores" e a realidade, entre uma imagem de "onipotência" (um pouco infantil) e uma realidade que a coloca continuamente em xeque, especialmente com certos doentes ou em determinados serviços sociais.

Para sentir-se realizado no trabalho, é preciso rever e reelaborar a própria imagem, os ideais e a noção daquilo que quer dizer "ajudar" e o que significa "cuidar", adaptando-a aos vários ambientes de trabalho. É preciso balancear o ideal do "curar–combater–resolver" com aquele mais compreensivo e satisfatório para o doente ou para a pessoa que precisa de ajuda, o sempre possível "cuidar–aliviar–ajudar", adequando a esse ideal o próprio *saber fazer*, não somente técnico, mas também relacional.

O modelo ao qual se referir pode ser o do "cuidador ferido", preferido por Carl Gustav Jung, com o qual se quer sublinhar como o terapeuta não pode cuidar das feridas do outro sem reconhecer e cuidar das próprias feridas, transformando seus limites e sofrimentos em fonte de cura. A imagem do cuidador ferido supera a cisão do arquétipo médico–paciente (no qual os dois papéis são claramente distintos) e convida o terapeuta a tornar-se companheiro de viagem do paciente: não aquele que cura, mas aquele que favorece o emergir da força que cura presente no próprio paciente. Essa metáfora ressalta o efeito que o reconhecimento da própria *vulnerabilidade* pode ter na relação com o outro, sobretudo com quem entra na nossa vida levado pelo desejo de ser ajudado a enfrentar ou superar situações de dificuldade.[16]

No modelo do cuidador ferido, emerge a dor contida na matriz humana comum, corpórea e mortal, que une, além dos papéis, médico e paciente, ajudante e ajudado.

Vale para todos aqueles que trabalham para ajudar quem sofre (e não somente para o médico), aquilo que, refazendo-se às reflexões de Guggenbuhl-Craig, dois autores escrevem na introdução de um livro de Gadamer:

> Para poder cuidar, o médico não deve nunca imaginar-se separado do seu aspecto de paciente. A repressão deste polo da dupla levaria o médico a um limite perigoso, caracterizado pela convicção de não ter nada a fazer com a doença. Analogamente, quando uma pessoa fica doente, é importante que venha à luz a figura do paciente–médico, isto é, o fator de cura interno para o paciente, cuja ação de cura é igual àquela do médico que aparece na cena externa. Um médico "sem ferida" não pode ativar o fator de cura no paciente e a situação que se cria é tristemente clara: "de um lado está o médico, sadio e forte, do outro, o paciente, doente e fraco".[17]

Referir-se a este modelo relacional pode ajudar também a prevenir o *burnout*.

---

[16] BRUSCO, A. *Affondare le radici, estendere i rami*. Itinerari di crescita umana e spirituale. Torino: Edizioni Camilliane, 1999. p. 85.

[17] GRIECO, A.; LINGIARDI, V., cit., p. XIX. Cf. também GUGGENBÜHL-CRAIG, A. *Al di sopra del malato e della malattia*. Il potere "assoluto" del terapeuta. Milano: Cortina Raffaello, 1987. p. 76. [Orig. em alemão, 1983.]

FATORES DE PROTEÇÃO

Bem-estar e saúde

Quem se interessa pela psicologia, também em suas aplicações psicoterapêuticas, é cada vez mais "obrigado" a sair do âmbito individual e privado (intrapsíquico) e se interessar pelas relações interpessoais e sociais que todo sujeito tem de enfrentar durante todo o "arco" da vida (às vezes com sucesso, outras com sofrimento e insatisfação). No percurso vital, todo indivíduo vive em uma densa rede de relações interpessoais e sociais da qual é de alguma forma parceiro.

Também seu bem-estar, em suas diversas expressões, está condicionado a isso.[1] Se o *bem-estar subjetivo* é entendido como experiência emocional positiva e satisfação em relação à própria vida, e o *psicológico* é caracterizado por um ótimo funcionamento psíquico do indivíduo, o *bem-estar social* diz respeito à qualidade de suas relações sociais no âmbito da própria comunidade e sociedade. A influência do contexto social e dos fatores sociais é, portanto, uma dimensão determinante do bem-estar total.

Bem-estar subjetivo, psicológico e social estão claramente ligados entre si.

> A experiência subjetiva e psicológica do "estar bem" aparece fundamentada não somente na experiência de emoções positivas e de satisfação, nas possibilidades de autorrealização, na qualidade do relacionamento consigo mesmo (aceitação, sentido de crescimento), no próprio futuro (objetivo da vida), nas outras pessoas (relações positivas com outros, autonomia), no ambiente (domínio), mas também na consciência e no sentimento de ser parte de uma entidade mais ampla, no âmbito da qual é possível experimentar relações positivas caracteri-

---

[1] Cf. CAPPELLINI VERGARA, F. Il modello biopsicosociale nella prevenzione e promozione della salute. In: Id. (Org.). *La promozione del benessere nella famiglia, nella scuola e nei servizi*. Dal caso alla rete. Milano: Angeli, 2001. pp. 27-31.

zadas pela confiança (bem como receber apoio em caso de necessidade) e na qual a própria pertença tenha um significado e um valor reconhecido também pelos outros. Dessa forma, torna-se uma entidade que tem potencialidades de desenvolvimento e que é, portanto, fonte de objetivos, garantia da presença de um significado na vida pessoal e nas ações praticadas pelos indivíduos para atingir os próprios objetivos.[2]

No bem-estar do indivíduo influi um conjunto de variáveis ligadas à *pessoa* e à sua capacidade de *enfrentar* os problemas, às *relações interpessoais e sociais* e ao *contexto ecológico ambiental*. A atenção não está mais ligada somente ao momento presente, mas também à *dimensão temporal* e ao peso que tiveram os vários acontecimentos da vida, às *representações sociais* compartilhadas em uma cultura e ao seu influxo sobre as interpretações pessoais dos acontecimentos e o estilo de vida, aos *valores* de cada um e do grupo de pertença, à sua força em motivar o comportamento dos indivíduos e em criar um ambiente social no qual possam se expressar melhor e crescer.

Um novo setor da psicologia está emergindo: a *psicologia da saúde*, interessada na manutenção e na promoção da saúde (além de interessada na prevenção da doença e na relação com o doente), na análise e na melhoria dos sistemas de cuidado. O *modelo biopsicossocial* ajuda a compreender melhor como a saúde e o bem-estar das pessoas resultam da interação do sujeito (dotado de características biológicas e psicológicas próprias e de competências pessoais) com o ambiente físico e social. A saúde é vista como equilíbrio real e vivido como tal (e sempre dinâmico), entre fatores não somente biológicos, mas também psicológicos e sociais, diante das diversas perguntas que a vida coloca nos vários momentos do ciclo vital. Em contrapartida, a doença não é vista como simples crise de um único fator, mas como ruptura do equilíbrio de todo o sistema.[3]

---

[2] CICOGNANI, E. Linee di ricerca sul benessere. In: ZANI, B.; CICOGNANI, E. (Orgs.). *Le vie del benessere*. Eventi di vita e strategie di coping. Roma: Carocci, 1999. pp. 48-49.

[3] Cf. ZANI, B.; CICOGNANI, E. *Psicologia della salute*. Bologna: Il Mulino, 2000.

E essa nova perspectiva está presente também no estudo do estresse e dos mecanismos de defesa praticados pelo sujeito para enfrentá-lo. Cada vez mais se está convencido de que também as relações psicológicas ao estresse não são uma resposta automática a estímulos de várias proveniências, mas o resultado elaborado da interação de fatores múltiplos, mentais e relacionais, capazes, por sua vez, de condicionar seu impacto sobre a pessoa em um modelo não somente circular, mas também sistêmico, segundo o qual, quando é tocada uma parte de um conjunto é todo o sistema que sofre mudanças e é estimulado a novas adaptações.

Na psicologia atual, a pessoa é estimada cada vez mais como sujeito agente, "elaborador de informações", cuja avaliação cognitiva dos acontecimentos é determinante no que diz respeito à sua vivência e a seu modo de se comportar nas várias situações, e, portanto, também no processo de estresse. E é vista como "pessoa no contexto" e não como indivíduo isolado.[4]

Se para o bem-estar e para a saúde do indivíduo é fundamental o desenvolvimento de um adequado sentido de identidade e de um *apego afetivo* seguro com pessoas significativas (como nos recorda John Bowlby), não é menos importante a presença de um *sentido de comunidade*: o sentir que se pertence a um grupo, a uma família, e que se compartilham laços com outros, a percepção de poder influenciar naquilo que acontece na comunidade, o considerar-se integrado, a satisfação das necessidades e a "conexão" emotiva compartilhada.

Rupturas ou "des-conexões" várias podem acontecer no indivíduo ao longo de todo o curso de sua vida, tanto no nível intrapsíquico (em sua mente), entre conhecimento, emoção, motivação e comportamento, como em suas relações com o ambiente social. As dificuldades de se conectar (verdadeiras rupturas relacionais) podem colocar em crise seu bem-estar, enfraquecendo sua *capacidade de fazer frente* aos dissabores da vida e de encontrar uma boa adaptação pessoal e social também nas circunstâncias adversas. Sua saúde global pode se ressentir com isso e se tornar vulnerável.

---

[4] Cf. CASSIDY, T. *Stress e salute*. Bologna: Il Mulino, 2002. [Orig. em inglês, 1999.]

Também as relações profissionais e o ambiente de trabalho podem ser fonte de bem-estar ou causa de estresse, além de criar satisfações ou levar ao *burnout*, incidindo, portanto, na saúde global do indivíduo.

O fator "resiliência"

A *resiliência*, em psicologia, descreve um traço da personalidade no qual convergem fatores de várias naturezas (cognitivos, emotivos, familiares, sociais, educativos, experienciais, de amadurecimento) que, com sua ação conjunta, mobilizam os recursos dos indivíduos e dos grupos, tornando-os capazes de resistir ao estresse e aos golpes da vida, de enfrentá-los e encontrar respostas flexíveis de adaptação e reconstrução de si.[5]

Os estudos sobre a resiliência estão nos ajudando a compreender por que existem aqueles que desabam diante de pequenas ou médias dificuldades e os que, ao contrário, conseguem resistir mesmo diante de experiências traumáticas. Se há *fatores de risco* para nosso equilíbrio psíquico ao longo de todo o "arco" da vida, existem também muitos *fatores de proteção*.

Fatores típicos da resiliência são o responder com estratégias ativas às dificuldades (e não adotar estratégias passivas, isolando-se de tudo o que está acontecendo, ou simplesmente paliativas), a atitude de se orientar para o dever em vez de voltar-se sobre si mesmo (ou somente sobre as próprias emoções), a disponibilidade para mudar e a capacidade de dar *novos significados* aos acontecimentos.

Ninguém mais duvida de que a interpretação (ou avaliação cognitiva) que fazemos dos fatos pode ter, no plano psicológico, um relevo superior aos acontecimentos em si e modificar-lhes as consequências em sentido favorável ou desfavorável. São importantes (no criar um sentido de pertença, segurança, confiança em si mesmo e autoestima) também o laço de apego, o apoio social e a capacidade de usar de maneira "adaptativa" os vários mecanismos de defesa conforme a situação e o contexto.

---

[5] Cf. OLIVERIO FERRARIS, A. *La forza d'animo*. Cos'è e come possiamo insegnarla a noi stessi e ai nostri figli. Milano: Rizzoli, 2003, também para as anotações seguintes.

Diante dos problemas da vida, a pessoa resiliente tem uma mais *atitude pró-ativa* (age sobre o problema e sobre suas causas, olhando adiante e colocando em prática a capacidade de escolha no contexto em que vive) do que *retroativa* (sofrendo passivamente os acontecimentos e a influência do ambiente, permanecendo prisioneira do passado ou fugindo da realidade) e é hábil no tirar ensinamentos úteis até das experiências negativas, sem se deixar apavorar ou bloquear. Os estudos sobre a resiliência retomaram e revisaram os estudos sobre o estresse, os modos de enfrentá-lo e as pessoas que conseguem fazê-lo melhor: aquelas pessoas "fortes" que, segundo Susanna Kobasa, são caracterizadas por empenho ativo, capacidade de controle e gosto pelo desafio.

Resiliente um pouco se nasce e um pouco se torna. Depende dos traços temperamentais e de personalidade, mas também da influência que as relações (especialmente na tenra idade) têm sobre o desenvolvimento da pessoa. As fontes individuais e ambientais de resiliência a partir da infância se formam reciprocamente e se potencializam mutuamente. Não é preciso, então, esquecer que a resiliência do sistema família e do grupo de trabalho tem influência notável sobre a resiliência de cada indivíduo.

Para favorecer a resiliência, há relações pais–filhos de tipo empático: um *apego seguro* e o sentimento de ser, mesmo em meio a muitos outros, *único* e insubstituível; um estilo educativo que favorece a autoestima e deixa espaço para a exploração e a mudança, garantindo, porém, a possibilidade de experimentar sucessos. Toda criança deveria ter pelo menos uma *ilha de competência*, um espaço no qual se sente segura, do qual consegue tirar a energia vital que pode depois transferir para outros âmbitos, levando-a a aprender mesmo dos erros e sentir-se responsável pelas situações nas quais pode intervir (perceber que o centro de controle pode estar nela), mas sem se iludir com a possibilidade de influenciar tudo. Isso vale também para o adulto.

É, de alguma forma, importante estar convencido de que em qualquer momento da vida se pode (e é preciso) continuar a crescer. Anna Oliverio Ferraris sintetiza:

Embora o temperamento e as características individuais ocupem um papel central no discurso sobre a resiliência, ela não é um traço estável e definitivo, concluente, mas está sujeita a modificações: pode melhorar com o correr do tempo, ou então se deteriorar e perder a eficácia. Sujeitos frágeis podem se reforçar não somente no decorrer da infância e da adolescência, mas também na idade adulta e na velhice. Não se explicam diversamente algumas mudanças drásticas, fruto de reestruturações cognitivas e emotivas, que abrem novos horizontes e levam a elaborar uma filosofia diferente de vida, a um novo modo de ver a si mesmos, aos relacionamentos sociais e à vida no seu conjunto. As mudanças repentinas, como também as mais lentas, mas constantes, podem acontecer por ação de estímulos diversos, conforme os casos, operados pela dor, pela reflexão, pela autoanálise, por uma mudança de perspectiva, por energias residuais que uma pessoa consegue recuperar e colocar em prática.

Ser resiliente não significa ser invencível e infalível, mas flexível e disposto à mudança quando necessária, aceitando que se pode errar, mas também corrigir as próprias ações, ao reforçar e ampliar as características fortes que estão em cada um de nós.

Um importante (e interessante) fator de resiliência – nos recorda ainda Anna Oliverio Ferraris – é a *igualdade salvífica*.

Um ambiente é psicologicamente sadio na medida em que consegue transmitir a cada um de seus membros a sensação de que os conflitos podem ser resolvidos à luz de alguns princípios compartilhados e que os direitos pessoais de cada um são reconhecidos. Um componente da resiliência num dado contexto social é, portanto, a sensação de poder confiar nas regras, em uma justiça igual para todos. Se uma sociedade não consegue garantir esses princípios elementares, faixas sociais inteiras podem encontrar-se em posição de maior vulnerabilidade em relação a outras.

É no nível educativo que é importante intervir.

A resiliência ajuda a resistir ao estresse e ao *burnout*. É o que observam dois estudiosos da Universidade do Sul da Austrália, Howard e Johnson, a propósito dos professores.[6]

---

[6] HOWARD, S.; JOHNSON, B. *Resilient Teachers*: Resisting Stress and Burnout. Disponível em: <http://www.aare.edu.au/02pap/how02342.htm>.

Muitos estudos demonstram como também os professores sofrem muito frequentemente de estresse e de um verdadeiro *burnout*. Entre os fatores estressantes podem ser enumerados: problemas relacionais com os alunos e os colegas, tempo e sobrecarga de trabalho insustentáveis, conflitos de papéis a desempenhar, condições precárias de trabalho, falta de controle e poder nas decisões tomadas, sentimentos de inadequação e incompetência, estresses extraprofissionais.

Se alguns enfrentam esses problemas por meio de técnicas paliativas, outros colocam em prática estratégias mais adequadas: ações que enfrentam diretamente os problemas, como ter emoções sob controle; procurar apoio dos colegas ou dos chefes; estabelecer relações adultas significativas; organizar melhor o trabalho, dando prioridade às atividades mais importantes; aumentar a própria competência.

Os dois estudiosos australianos procuraram estudar o comportamento de um grupo de professores, de escolas muito "difíceis de administrar", por meio do conceito de resiliência e dos fatores de proteção que a caracterizam: *fatores internos*, como o sentir-se sujeitos agentes e capazes de controlar aquilo que acontece (e não fatalisticamente impotentes), *eficazes* (isto é, convencidos de ter a habilidade de determinar em grande parte aquilo que acontece), *competentes e capazes* de realizar alguma coisa significativa em alguma área da vida; ou *fatores externos*, como ter alguém que se interesse por você (e por aquilo que está vivendo) e ter oportunidades de pertencer a grupos e organizações também fora da vida familiar.

O estudo não observava somente "aquilo que não estava bem" nos professores e que poderia tê-los levado ao *burnout* (uma abordagem focalizada no déficit), mas, sobretudo, "aquilo que estava bem" naqueles que enfrentavam o estresse com sucesso, especialmente o gerado por enfrentar a agressão e a violência dos alunos e de seus familiares.

A estratégia-chave mencionada por dez professores de três escolas diferentes era "despersonalizar os acontecimentos desagradáveis ou difíceis" de serem administrados. Isso ocorreu de vários modos: avaliando com calma aquilo que havia acontecido – se tinham a convicção de ter agido bem, não atribuíam o resultado negativo a uma incapacidade sua, sentindo-se culpados; se compreendiam que poderiam ter agido melhor, não faziam disso um drama, mas procuravam aprender com os erros cometidos e olhar para frente –, procuravam entender o que estava por trás de comportamento dos alunos ou de seus familiares (motivações e circunstâncias) para uma compreensão melhor do problema.

Outros fatores que reforçavam a resiliência eram: a capacidade de manter em nível alto o escopo moral que os havia levado a abraçar aquela profissão (a possibilidade de mudar de alguma forma a vida das crianças); o apoio social por parte dos colegas e dos dirigentes da escola; o orgulho de alcançar algo significativo e um sentido de competência em áreas pessoalmente importantes (o progresso que os alunos demonstravam os fazia sentir-se competentes e era para eles um reforço válido para sua necessidade de realização).

Além das possíveis disposições inatas, todos os professores tinham a clara convicção de não terem nascido resilientes, mas sim aprendido as atitudes e as estratégias que os tinham tornado assim. Os fatores de proteção que os fazem mais resilientes podem, portanto, ser aprendidos, e não é difícil, por parte dos dirigentes, providenciá-los.

Os dois estudiosos resumem assim:

- Ensinar as estratégias de *despersonalização dos acontecimentos*.
- Garantir que, no momento da admissão, seja presente naqueles que escolhem esse tipo de escola um autêntico escopo *moral*.
- Organizar cursos sobre as estratégias de administração dos comportamentos, especialmente aqueles adequados aos momentos de emergência.
- Apoiar tanto profissional como pessoalmente os professores em seu trabalho.
- Promover um forte apoio por parte do grupo.
- Reconhecer aquilo que é realizado também por meio de promoções adequadas.
- Otimizar a competência nas várias áreas nas quais o professor é chamado a agir.

O apoio social

Um fator que influencia, de maneira determinante, a saúde e o bem-estar das pessoas e as torna capazes de resistir aos acontecimentos estressantes da vida e de recuperar-se diante de situações de sofrimento, é o *apoio social*, definido por Cobb como

> a informação que leva os indivíduos a acreditar que são objeto de amor e de cuidados, que são estimados e valorizados e que fazem parte de uma rede de comunicação e de respeito recíproco.

Essa informação pode vir de várias pessoas: do cônjuge, dos filhos, dos amigos, das pessoas com as quais se estabelecem relações sociais e de trabalho ou que pertencem à própria comunidade.[7] É também um fator de proteção contra o *burnout*.

Entre as funções que o apoio social absorve, também na pessoa do cuidador, quando serve de "isolante" contra o *burnout*, podem ser distinguidas:

- *Apoio emocional*, que pode permitir a expressão dos sentimentos, fazer sentir o cuidador avaliado e amado e reforçar a autoestima.
- *Apoio informativo*, que fornece os conhecimentos de que precisa, dá-lhe certo otimismo e reduz sentimentos de impotência e vulnerabilidade.
- *Apoio instrumental*, que o ajuda a resolver alguns problemas relacionais e organizativos e a retomar algum controle da situação.
- *Apoio de avaliação*, feito de *feedback*, de análise e de confronto social, que o ajuda a avaliar as experiências que está vivendo como experiências compartilhadas.

O apoio social pode vir também das pessoas ajudadas e de seus familiares. Se, por exemplo, por uma atenção à saúde integral da pessoa em todo o processo de cuidado, não pode faltar uma adequada competência

---

[7] Cf. COBB, S. Social Support as a Moderator of Life Stress. In: *Psychosomatic Medicine*, 38 (1976), pp. 300-314.

relacional, há necessidade de sublinhar a importância da tarefa que também o sujeito doente tem dentro da relação.

> Além da necessidade de não considerar o apoio social isolado de outras variáveis, pode deixar mais perplexos no plano teórico a ideia de isolar conceitualmente um polo da relação, como se a presença e as ações de pessoas em condição de fornecer um apoio eficaz e a possibilidade de receber apoio dessas pessoas fossem independentes das características dos sujeitos que estamos considerando. É evidente, ao contrário, que, para utilizar esse "apoio", o indivíduo precisou estar em condições de estabelecer relações satisfatórias, mantê-las e utilizá-las positivamente.[8]

São muitos os estudos que destacam a importância da *reciprocidade* na relação e no apoio social. Uma "reciprocidade relacional percebida" ajuda o doente, por exemplo, a viver positivamente como "sujeito", parceiro de relações recíprocas, reforçando a autoestima que a doença (e o tipo de cuidados que recebe) muito frequentemente o faz entrar em crise. Isso tem efeitos benéficos também sobre a cura e, consequentemente, sobre o sentimento de realização daquele que cuida.

É preciso, portanto, estimular e fazer o doente e a pessoa em dificuldade aprenderem habilidades adequadas para influenciar a rede social, torná-los assertivos no comunicar suas necessidades e capazes de distinguir os recursos que podem ajudá-los daqueles que não os podem, além de torná-los atentos às repercussões que o processo de sua doença e de seu mal-estar têm sobre as relações.

Se a relação de ajuda possibilita que a pessoa em dificuldade cresça e reencontre um novo equilíbrio ou adaptação à situação, tudo isso não pode ser conseguido sem favorecer nela um verdadeiro "empoderamento": um processo de mudança que, intervindo em vários âmbitos (pessoal, interpessoal, microambiental e sociopolítico), torna a pessoa que pede ajuda protagonista de sua mudança (o principal recurso para si mesma), aumentando suas competências (no âmbito cognitivo, emocional e com-

---

[8] SOLANO, L. *Tra mente e corpo*. Come si costruisce la salute. Milano: Cortina Raffaello, 2001. p. 332.

portamental) e suas habilidades em controlar ativamente sua vida e administrar as situações mais estressantes.[9]

Se não parecer fora de hora destacar a importância do *empoderamento* do sujeito que é assistido e cuidado (porque, em uma relação recíproca, a maior força do ajudado não pode senão reforçar aquele que o ajuda), não é preciso esquecer que esse processo (isto é, o incremento do poder e da capacidade de as pessoas controlar a própria vida) deve dizer respeito também àquele que o assiste ou cuida dele.

Justamente numa perspectiva sistêmica, para contrastar o *burnout*, não é possível focalizar somente diversos profissionais. É preciso incidir sobre os vários parceiros da relação e a organização enquanto tal. O *empoderamento* (e a consequente *competência*), que é preciso promover, não é somente do indivíduo, mas também do grupo de trabalho e da organização toda.

A importância do significado

Os especialistas do setor destacam cada vez mais como os *significados* e os *valores* são um antídoto importante para o estresse específico de trabalho chamado *burnout*.

Partindo do pressuposto que o desejo de dar um sentido à própria vida constitui a principal força motivadora do ser humano, Ayala Pines está convencida de que, se uma pessoa procura atingir este significado existencial especialmente (ou somente) por meio do trabalho, o fracasso profissional será vivido como um fracasso existencial e poderá facilmente conduzi-la ao *burnout*.

Sabe-se como o trabalho tem importância central na estruturação da identidade do indivíduo e no seu sentimento de valor. São diversas as

---

[9] Cf. DI MARIA, F.; DI NUOVO, S.; LAVANCO, G. Stress e burnout: una prospetiva di psicologia di comunità. In: Id. *Stress e aggressività*. Studi sul burnout in Sicilia. Milano: Angeli, 2001. pp. 45-65. Cf. também as reflexões de Bruna Zani, comentando uma pesquisa apresentada no congresso sobre "Burnout ed empowerment nelle relazioni tra persone handicappate e professionisti sociali". Disponível em: <http://www.studiotaf.it/convegni/convegnoburnout.htm>.

motivações que levam uma pessoa a abraçar determinada carreira, realizar determinado trabalho: motivações universais, como ter sucesso e ser admirado; motivações específicas de determinada profissão, como ajudar e curar as pessoas e outras intimamente pessoais ou menos conscientes. Em seu conjunto, elas criam uma série de expectativas cuja realização depende em grande parte das características do contexto social e organizativo no qual o trabalho se desenvolve.

Não é tanto o ambiente objetivo quanto o subjetivo, porém, que conta – ou seja, a situação segundo a qual é percebida e avaliada pelo profissional. Um especialista do setor retoma:

> Segundo esse modelo, a sensação de ter atingido os próprios objetivos levará o indivíduo a viver um sentido de sucesso pessoal que lhe permitirá atribuir um significado existencial ao próprio trabalho. Significado que, por sua vez, irá reforçar o impulso motivacional, num círculo virtuoso que poderá ir avante até o infinito. Ao contrário, quando as características do trabalho induzem o sujeito a uma sensação de fracasso, inaugura-se um círculo vicioso que, no tempo, pode levar a uma progressiva redução da motivação e, portanto, ao *burnout*. Neste ponto, Pines reforça que não será tanto um fracasso objetivo em si que vai provocar um *burnout*, mas a vivência, a percepção interior de inutilidade e inadequação dos próprios esforços. O processo evidenciado pelo modelo não aparece então nem inevitável nem irreversível. Sendo a consequência de uma necessidade de crescimento que dura toda a vida, o *burnout* poderá se manifestar, como também se resolver, em diversos momentos do ciclo vital do sujeito.[10]

Para tratar o *burnout* será, portanto, importante, segundo Ayala Pines, enfrentar algumas perguntas-chave: por que, do ponto de vista psicodinâmico, uma pessoa escolhe determinada profissão, e como espera que lhe dê um significado existencial? Por que vive um sentido de fracasso na procura existencial, e como esse sentido está em relação ao *burnout*?

---

[10] SANTINELLO, M. Introduzione alla sindrome del burnout: aspetti e modelli teorici. In: DI MARIA, F.; DI NUOVO, S.; LAVANCO, G. *Stress e aggressività*, cit., p. 28. Cf. também PINES, A. M. Treating Career Burnout. A Psychodynamic Existential Perspective. In: *Journal of Clinical Psychology*, 5 (2000), pp. 633-642.

Quais mudanças são necessárias para que esse indivíduo reencontre um sentido existencial no trabalho?

De uma pesquisa sobre o *burnout* dos professores, resultou claramente que este é, em grande parte, motivado pela falta de um significado existencial no seu trabalho.[11]

Dar significado ao próprio trabalho quer dizer influenciar as próprias vivências e o próprio bem-estar global, melhorando a relação de ajuda e de cuidado, prevendo possíveis causas de estresse e de *burnout*. Trabalhar sobre isso significa, portanto, adotar estratégias de enfrentamento das situações de tipo *pró-ativo* (de antecipação), sem esperar ser obrigados a adotar estratégias de *enfrentamento* de tipo *reativo* (intervindo no dano sofrido).

Cary Cherniss havia originalmente estudado alguns indivíduos que, em seu primeiro ano de experiência, trabalhavam nas profissões de ajuda. Disso é testemunha o seu livro *La sindrome del burnout*. Esse estudioso retomou os traços das mesmas pessoas dez anos depois para ver como estavam. Permaneceram presas na armadilha do *burnout*? Tinham mudado de trabalho? Haviam retomado e reconquistado o próprio entusiasmo? E ilustra o fruto dessa sua pesquisa no livro *Além do burnout*.[12]

As estratégias adotadas pelos diversos profissionais para sair do *burnout* foram as mais variadas. Diante das dificuldades (e sofrimentos) do trabalho, desde o início alguns haviam se protegido psicologicamente recorrendo a ideais um pouco mais modestos, concentrando-se nas próprias necessidades ou procurando resolvê-las com alguém (libertando-se dos sentimentos de culpa e vergonha). Uma enfermeira havia percebido que havia mais realização (e reconhecimento) publicando artigos do que fazendo um idoso doente caminhar novamente, ou teria aprendido a ser mais empática com os pacientes menos necessitados.

---

[11] PINES, A. M. Teacher Burnout. A Psychodynamic Existential Perspective. In: *Teacher and Teaching*: Theory and Practice, 2 (2002).

[12] CHERNISS, C. *Beyond Burnout*. Helping teachers, Nurses, Therapists and Lawyers Recover from Stress and Disillusionment. New York/London: Routledge, 1995. Cf. este texto também para as anotações seguintes.

Uma variável importante foi a disponibilidade para mudar, em íntima relação, porém, com a convicção de ter um papel importante no planejamento da mudança, de ser de alguma forma "dono" da situação.

Dos resultados dessa pesquisa, podem ser retiradas algumas diretivas para agir sobre o *burnout*:

- Melhorar o ambiente de trabalho.
- Prover oportunidades para o desenvolvimento de interesses especiais.
- Garantir aprendizagem e formação contínuas.
- Ajudar a lidar melhor com os pacientes mais difíceis.
- Melhorar as habilidades de negociação no trabalho.
- Confiar mais na qualidade das experiências que precedem o trabalho na seleção do pessoal e programar um treinamento profissional adequado.
- Prover um aconselhamento cuidadoso e garantir a possibilidade de um verdadeiro desenvolvimento profissional.
- Garantir mais autonomia e, ao mesmo tempo, melhor apoio (reconhecimentos e *feedbacks*, sobretudo por parte dos chefes).
- Ajudar a desenvolver um *modo próprio de pensar* e boa capacidade de resolver problemas, e não pontuar a simples aprendizagem de técnicas profissionalmente irrefutáveis.
- Procurar trabalhar com colegas competentes e estimulantes.
- Atribuir um papel mais importante ao profissional no planejamento do trabalho e na mudança das coisas.
- Promover melhor equilíbrio entre família, trabalho e lazer.

O que espantou Cherniss foi, particularmente, uma visita que fez a uma instituição para pessoas com deficiências mentais graves. Era uma estrutura na qual deveria ter encontrado uma alta incidência de *burnout*. Todas as condições de trabalho ligadas a essa síndrome estavam presentes (salário baixo, pouca autonomia, trabalho nos sete dias da semana), mas de *burnout* não havia quase sinal e a rotatividade era baixa. No fim, Cherniss descobriu que aquilo que tornava o grupo empenhado, atencioso e feliz era alguma coisa que faltava em quase todos os outros contextos e serviços que havia visitado: *um empenho que nascia de uma partilha de um conjunto de valores morais*. Era um serviço dirigido por uma ordem religiosa, um grupo de Irmãs. Não era simplesmente um grupo de pessoas que fazia um serviço humano: "era uma comunidade religiosa" que constantemente (também no trabalho) afirmava valores comuns.

Isso levou Cherniss a descobrir a íntima ligação que há entre significado de vida e *burnout* profissional. A referência a Viktor Frankl é obrigatória.

O *burnout* é uma resposta ao estresse. A causa radical não é, porém, o estresse enquanto tal (e o sofrimento frequentemente ligado a ele), mas a falta de um significado naquilo que se faz e se vive. Cherniss escreve:

> O *burnout* não era um problema para essas Irmãs, pois os estresses experimentados no trabalho eram considerados como sacrifícios significativos. Havia um escopo moral ou significado no estresse e no sofrimento, que, por isso, deixavam de ser percebidos somente como estresse.

Para aqueles que são afetados pelo *burnout*, o empenho é muitas vezes egoísta, e jogam a própria autoestima naquilo que fazem. O empenho dessas Irmãs baseava-se em valores morais partilhados e numa fé em alguma coisa maior que elas mesmas. Seu trabalho estava ligado a um quadro de referência mais amplo, a escopos que transcendiam o imediato.

Isso não significa que as pessoas religiosas não entrem em *burnout*. Também os profetas Elias e Jeremias passaram por ele, como ocorre com os padres na paróquia, os capelães do hospital e os missionários.[13]

Mas a anotação de Cherniss é de qualquer maneira interessante.

---

[13] Cf. o capítulo "Elijah's Problem". In: SANFORD, J. A. *Ministry Burnout*. New York/Ramsey: Paulist, 1982. pp. 78-85; BRUSCO, A.; SANDRIN, L. *Il cappelano d'ospedale*. Disagi e nuove opportunità. Torino: Edizioni Camilliane, 1993; CREA, G. *Stress e burnout*. Una ricerca tra i missionari. Bologna: EMI, 1994.

Valores compartilhados

Se acreditar nos valores é importante (e eles dão um significado particular ao trabalho que se faz), é igualmente importante, porém, que sobre eles haja um *empenho compartilhado* por parte dos diversos sujeitos do grupo de ajuda e de cuidado.

A deterioração do sentido de comunidade é uma perda séria. Dois especialistas escrevem:

> Uma comunidade empresarial forte previne o *burnout*. Um sentido de comunidade representa um objetivo muito idealista hoje em dia? Nós acreditamos que não. E pensamos que o melhor candidato para construir essa comunidade seja a partilha de valores. Não uma declaração de missão vaga e de aspecto nobre, mas uma adesão concreta às coisas que tornam o trabalho mais rico de significado e importante. Mesmo formulados em determinado grupo de trabalho ou em toda a organização, os verdadeiros valores compartilhados podem ser o elemento mais coesivo no âmbito do trabalho.[14]

O *burnout* é um fenômeno não mais encontrado somente nos serviços sociais e na área da saúde, mas tornou-se um problema frequente em muitas outras profissões e está atingindo "proporções epidêmicas" entre os trabalhadores dos países ocidentais com tecnologia avançada. Que há uma ligação entre *burnout* e a atual cultura do trabalho (e o tipo de expectativas de realização pessoal e social por meio dele) não há dúvida.

No livro que escreveu em colaboração com Michael Leiter, Christina Maslach, eficiente em sua experiência de pesquisadora e consultora em varias organizações, destaca de modo especial o *contexto social* no qual o indivíduo trabalha (os fatores estruturais e organizativos) como a causa mais importante do *burnout* (diferente de seus trabalhos anteriores, nos quais enfatizava os custos psicológicos do envolvimento relacional típico).

---

[14] MASLACH, C.; LEITER, M. *Burnout e organizzazione*. Modificare i fattori strutturali della demotivazione al lavoro. Trento: Erickson, 2000. p. 137. [Orig. em inglês, 1997.] Cf. este texto também para as anotações seguintes.

A síndrome do *burnout* é indicadora da presença de uma forte "discordância entre a natureza do trabalho e a da pessoa que o exerce", entre aquilo que as pessoas são e o que são obrigadas a fazer.

Segundo os dois especialistas, à exceção de poucos privilegiados, na grande maioria das pessoas que trabalham, estão presentes seis "discrepâncias pessoa-trabalho" que levam ao *burnout*:

- *A sobrecarga de trabalho* (o trabalho é mais intenso e complexo, exige cada vez mais tempo).
- *A falta de controle* sobre o próprio trabalho (ao estabelecer as prioridades, ao tomar decisões sobre abordagens que devem ser adotadas e a utilização dos recursos).
- *A gratificação insuficiente* (ganha-se menos fazendo mais e perdeu-se a alegria de trabalhar).
- *A perda do sentido de pertença comunitário* (fragmentação dos relacionamentos pessoais, redução do trabalho de equipe).
- *A ausência de equidade* (percebida na falta de confiança, lealdade e respeito recíprocos).
- *O contraste entre valores* (um sistema de valores baseado na sobrevivência-proveito a curto prazo é contrário àquilo que é frequentemente proclamado e aos valores que os funcionários mais afeiçoados têm em relação a seu trabalho).

Os dirigentes das organizações e empresas frequentemente minimizam (ou ignoram) o *burnout*, porque consideram que é um problema do indivíduo, isto é, não é responsabilidade do empregador, não incide realmente na organização e não há muito que possam fazer. Deveriam, ao contrário, levá-lo muito a sério, porque o *burnout* não é somente um problema pessoal; e cada uma das seis discrepâncias trabalho-pessoa que levam ao *burnout* prejudica o rendimento final. O *burnout* tem custos altos, também financeiros, para a própria organização.

As organizações ou empresas podem fazer muito, especialmente no nível de prevenção, recordando que "um grama de prevenção vale tanto quanto um quilo de correção". Para prevenir o *burnout*, deveria ser dada maior atenção à identificação dos valores centrais na organização (aqueles que guiam os meios e não somente os fins), ao esclarecimento do grau de partilha, ao modo em que os valores são (ou não são) colocados em prática, à criação de um sistema para resolver os contínuos conflitos (também culturais) que lhes dizem respeito e à sua promoção.

Aquilo que constitui, segundo os autores, uma perda séria no contexto do trabalho é a "deterioração do sentido de comunidade". E reconstruí-lo não é para eles um objetivo idealista. O melhor modo é *trabalhar na busca dos valores e na partilha*. Isso é difícil se não se descobre uma "cultura da intersubjetividade" que é, também nos seus fundamentos humanos, uma "cultura da humildade".

De vários acenos mencionados esparsamente nestas páginas pode-se também compreender que o fenômeno do *burnout* (que foi estudado e tratado numa perspectiva psicológica) tem em si elementos de provocação ética importantes para todos os sujeitos protagonistas da relação: cuidar do outro pressupõe um dever cuidar de si e do ambiente no qual se desenvolve a relação de ajuda e de cuidado.

E isto para que um dos princípios básicos da ética da cura, "o fazer o bem ao outro" (que o *burnout* põe em crise), não seja somente proclamado ou não permaneça adormecido nas páginas dos livros.

BIBLIOGRAFIA

ABIVEN, M. *Accompagnare il malato terminale*. Torino: Centro Editore, 2001.

ASPREA, A. M.; VILLONE BETOCHI, G. *Studi e ricerche sul comportamento prosociale*. Napoli: Liguori, 1993.

BACQUÉ, M.-F. *Deuil et santé*. Paris: Odile Jacob, 1997.

BANDURA, A. (Org). *Il senso di autoefficacia*. Aspettative su di sé e azione. Trento: Erickson, 1996.

BERMEJO, J. C. (Org.). *Cuidar a las personas mayores dependientes*. Santander: Editorial Sal Terrae, 2002.

BERRY, C. R. *Quando aiutare te fa male a me*. Milano: PAN, 1993.

BIONDI, M.; CONSTANTINI, A.; GRASSI, L. *La mente e il cancro*. Insidie e risorse della psiche nelle patologie tumorali. Roma: Il Pensiero Scientifico, 1995.

BONINO, S.; LO COCO, A.; TANI, R. *Empatia*. I processi di condivisione delle emozioni. Firenze: Giunti, 1998.

BORGNA, E. *L'arcipelago delle emozioni*. Milano: Feltrineli, 2001.

BRUSCO, A.; SANDRIN, L. *Il cappellano d'ospedale*. Disagi e nuove opportunità. Torino: Edizioni Camilliane, 1993.

CAPPELLINI VERGARA, F. (Org.). *La promozione del benessere nella famiglia, nella scuola e nei servizi*. Dal caso alla rete. Milano: Angeli, 2001.

CASSIDY, S. *Light from the Dark Valley*. Reflections on Suffering and the Care of the Dying. London: Darton, Longman and Todd, 1994.

CASSIDY, T. *Stress e salute*. Bologna, Il Mulino, 2002.

CHERNISS, C. *La sindrome del burnout*. Lo stress lavorativo degli operatori dei servizi sociosanitari. Torino: Centro Scientifico Torinese, 1983.

_____. *Beyond Burnout*. Helping Teachers, Nurses, Therapists and Lawyers Recover from Stress and Disillusionment. New York/London: Routledge, 1995.

CREA, G. *Stress e burnout*. Una ricerca tra i missionari. Bologna: EMI, 1994.

DANIS, M. *Survivre aux soins*. Défi du soignant. Montréal: Médiaspaul, 2001.

DAVEGGIA, L.; SANDRIN, L. *L'autonomia possibile*. Attenzione psichologiche nella riabilitazione del disabile. Torino: Edizioni Camilliane, 1996.

DE BENI, M. *Prosocialità e altruismo*. Guida all'educazione socioaffetiva. Trento: Erickson, 1999.

DEL RIO, G. *Stress e lavoro nei servizi*. Sintomi, cause e rimedi del burnout. Roma: La Nuova Italia Scientifica, 1990.

DI MARIA, F.; DI NUOVO, S.; LAVANCO, G. Stress e aggressività. Studi sul burnout in Sicilia. Milano: Angeli, 2001.

EDELWICH, J.; BRODSKY, A. *Burnout*: Stages of Disillusionment in the Helping Professions. New York: Human Sciences, 1980.

FREUDENGERGER, H. J.; RICHELSON, G. *Burnout*. The High Cost of High Achievement. New York: Bantam, 1980.

GIL-DEL MONTE, P.; PEIRÓ, J. *Desgaste psíquico en el trabajo*: el síndrome de quemarse. Madrid: Sintesis, 1997.

GOLEMAN, D. *Inteligenza emotiva*. Milano: Rizzoli, 1996.

GUGGENBUHL-CRAIG, A. *Al di sopra del malato e della malattia*. Il potere "assoluto" del terapeuta. Milano: Cortina Raffaello, 1987.

HEFEZ, S. (Org.). *Sida et vie psychique*. Approche clinique et prise em charge. Paris: La Découverte, 1996.

HERON, C. *Aiutare i carer*. Il lavoro sociale con i familiari inpegnati nell'assistenza. Trento: Erickson, 2002.

MANUCCI, A.; POGGESI, P. *L'educatore di professione e i rischi di burnout*. Tirrenia: Del Cerro, 2000, vol. I.

MASLACH, C. *La síndrome del burnout*. Il prezzo dell'aiuto algi altri. Assisi: Cittadella, 1992.

_____.; LEITER, M. *Burnout e organizzazione*. Modificare i fattori struturali della demotivazione al lavoro. Trento: Erickson, 2000.

MOSCOVICI, S. (Org.). *La relazione con l'altro*. Milano: Cortina Raffaello, 1997.

MUSSEN, P.; EISEMBERG-BERG, N. *Le origini delle capacità di interessarsi, dividere ed aiutare*. Roma: Bulzoni, 1985.

OBHOLZER, A.; ROBERTS, V. Z. (Orgs.). *The Unconscious at Work*. Individual and Organizational Stress in the Human Services. London/New York: Routledge, 1994.

OLIVERIO FERRARIS, A. *La forza d'animo*. Cos'è e como possiamo insegnarla a noi stessi e ai nostri figli. Milano: Rizzoli, 2003.

PAYNE, R.; FIRTH-COZENS, J. *Lo stress degli operatori della sanità*. Roma: Kappa, 1999.

PÉREZ-DELGADO, E.; MESTRE, V. (Orgs.). *Psicología moral y crescimiento personal*. Barcelona: Ariel, 1999.

PINES, A. M. Treating Career Burnout. A Psychodynamic Existential Perspective. In: *Journal of Clinical Psychology*, 5 (2000), pp. 633-642.

PLOTON, L. *La persona anziana*. L'intervento medico e psicologico. I problemi delle demenze. Milano: Cortina Raffaello, 2003.

ROCHE-OLIVAR, R. (Org.). *La condotta prosociale*. Basi teoriche e metodologiche d'intervento. Roma: Bulzoni, 1997.

ROGERS, C. R. *La terapia centrata sul cliente.* Firenze: Feltrinelli, 1979. [Ed. bras.: *A terapia centrada no paciente*. São Paulo: Martins Fontes, 1975.]

ROSSATI, A.; MAGRO, G. *Stresse burnout*. Roma: Carocci, 1999.

SANDRIN, L. *Come affrontare il dolore*. Capire, accettare, interpretare la sofferenza. 4. ed. Milano: Paoline Editoriale Libri, 2002. [Ed. bras.: *Como enfrentar a dor*: entender, aceitar e interpretar o sofrimento. São Paulo: Paulinas, 1998.]

_____. *Compagni di viaggio*. Il malato e chi lo cura. Milano: Paoline Editoriale Libri, 2000.

_____. Lo sguardo della psicologia. In: CARETTA, F.; PETRINI, M.; SANDRIN, L. *Il valore di una presenza*. Educarsi all'anzianità. Milano: Paoline Editoriale Libri, 2002. pp. 72-97.

_____. Il lavoro psicologico del lutto. In: *Camillianum*, 7 (2002), pp. 129-141.

SANFORD, J. A. *Ministry Burnout*. New York/Ramsey: Paulist, 1982.

SANTINELLO, M.; FURLOTTI, R. *Servizi territoriali e rischio di burnout*. Fattori di stress lavorativo negli operatrori sociosanitari. Milano: Giuffrè, 1992.

SCHROEDER, D. A.; PENNER, L. A.; DOVIDIO, J. F.; PILIAVIN, J. A. *The Psychology or Helping and Altruism*. Problems and puzzles. New York: McGraw-Hill, 1995.

SELIGMAN, M. *Imparare l'ottimismo*. Come cambiare la vita cambiando il pensiero. Firenze: Giunti, 1996. [Ed. bras.: *Aprenda a ser otimista*. 2. ed. Rio de Janeiro: Nova Era, 2005.]

TROMBINI, G. (Org.). *Come logora il curare*. Medici e psicologi sotto stress. Bologna: Zanichelli, 1994.

ZAMPERINI, A. *Psicologia dell'inerzia e della solidarietà*. Lo spettatore di fronte alle atrocità colletive. Torino: Einaudi, 2001.

ZANI, B.; COCOGNANI E. (Orgs.) *Le vie del benessere*. Eventi di vita e strategie di coping. Roma: Carocci, 1999.

_____. *Psicologia della salute*. Bologna: Il Mulino, 2000.

Rua Dona Inácia Uchoa, 62
04110-020 – São Paulo – SP (Brasil)
Tel.: (11) 2125-3500
paulinas.com.br – editora@paulinas.com.br
Telemarketing e SAC: 0800-7010081